‖上‖

組織が変わる212の言葉

成長する会社の朝礼

小山昇
株式会社武蔵野代表取締役社長

あさ出版

はじめに

もう随分と昔のことです。

お客様訪問に向かった帰りの道すがら、とある商業ビルの玄関に設置されていた玄関マットがふと目にとまりました。

私が経営する株式会社武蔵野は、ダスキンの代理店を主業務のひとつとしています。ですから私は、それがわが社のライバルのものであることがすぐにわかりました。なんとなく面白くない気分になった私は、一緒にいた若い社員に命じました。

「きみ、あのマットをめくってきなさい」

彼は不思議そうな顔をしながら玄関まで小走りで駆けて行き、マットのかたわらにしゃがみこむや、文字どおり「めくり」あげて言いました。

「これでいいですか?」

腰が抜けそうになりました。なぜならば「めくる」とは、業界では「ライバルからお客様を奪う」意味だからです。

めくった、めくられたは、大げさでなくごく日常的なできごとで、この仕事をしている以上は必ず、かつ早い段階でわかっているはずです。しかし、それは私の思い込みに過ぎなかった。実際には若い社員は、そんな基本的な業界用語すら知らないのだ――。

当時のわが社はお世辞にも業績がいいとは言えない状態でした。私はいつも「毎日こんなに頑張って働いているのに、どうして数字が伸びないのだろう」と不思議に思っていたが、これでようやく理由がわかりました。言葉が――もっと正確に言うなら言葉の定義――**社員に共有されていなかった**からです。

それはそうでしょう。私は「このビルのオーナーをライバルから奪って、わが社のお客様にしなさい」と命じたのに、実行を担うべき社員がマットを（物理的に）めくって回っているだけだったら、業績が上がるほうがむしろ不思議ではありませんか。

こういうことは程度の差こそあれ、どの会社でもあります。

管理職が部下に「もっと頑張れ」とお説教をする。部下は神妙な顔をして聞いている。それで管理職は安心するが、しかしこの「頑張れ」は、幅広い解釈を許す言葉です。管理職は「前月より多く売り上げろ」と、いわば実利的な意味で言ったが、部下は「もっと熱心にやる」ことだと精神的な意味で捉《とら》えていた、なんてことは普通にある。

他にも、月末、管理職は部下の成績が伸びないのを見て「なんだ、頑張っていないじゃないか」と叱る。ところが彼は、前月にも増して熱心に仕事をしたことには自信を持っていたので、（ちゃんと頑張ってたよ、いったい〇〇課長は俺のなにを見てたんだよ）と内心で強く反発する。互いに不信が生まれ、両者の関係は修復不可能になる。

これでは仕事も、職場も楽しくなくなり、コミュニケーションは滞るでしょう。そんな状態では成績など伸びようもありません。すべては**言葉の定義が共有されていないことによる悲劇**です。私は、組織が抱える問題の多くは、ここに端《たん》を発するとさえ考えている。言葉の解釈の食い違いは、健全な組織運営を営む上では極力なくしていくべきです。

わが社は、【頑張る】といえば「目から汗を出して仕事をする。（中略）結果を出して」と定義しています（上巻88ページ参照）。

「目から汗を出して」。つまり、いい齢《とし》した大人でも涙ぐむほどのしんどい思いをして、なおかつ、それが結果に結びついていなければ「頑張っている」とは評価しない。

そしてこの定義は、社員に漏れなくきちんと共有されている。なぜかと言えばわが社は、早朝勉強会を始めとして多くの学びの場がある。私は、あらゆる学習機会を捉えて、何度も何度もしつこくしつこく繰り返し繰り返し、「頑張るとは、結果を出すことだよ」と教えてきたからです。

わが社の社員は「頑張ってますか」と訊《き》かれたら、（あっ、俺の成績について問われているな）と、**一人の例外もなく即座にそう理解**します。そして「はい、これこれの結果を出しました」と答えます。

もちろん、見るべき成績を上げていない社員もいるし、さぼっていることをごまかして答える社員もいる。しかし、それはさして大きな問題ではありません。「頑張るとは結果を出していることだ」と全員が認識を同じくしていることが大切なのです。それがわが社の「強《したた》かさ」の源と言っていい。なんとなればそれは、社員一人ひとり、言葉の解釈にぶれがないことを意味するからです。

ぶれがないから、なにか方針が示されたときに全員が一斉に、同じ方向に力を出すことができる。これがわが社が毎年のように増収増益を達成している秘密です。つまり、会社を成長させたいと思うのならば、自社のビジネスシーンではどういう言葉（キーワード）がよく使われるのか、そしてそれらの言葉はどう定義されているのかを社員に理解させることが不可欠です。

そういう思いからつくったのが、拙著『仕事ができる人の心得』（CCCメディアハウス／現在改訂3版）です。この本には1600を超えるビジネスキーワードが五〇音順に収録されており、それぞれに短い解説がついている。

先に触れたわが社の早朝勉強会は、この本を主要テキストとして実施しています。言葉と、その**言葉が意味するところを教えるのは社員教育の基本中の基本**と私は考えています。

この『仕事ができる人の心得』の中から広く利用されるキーワードをピックアップし、さらに一般の読者のかたに向けて詳しい解説を加えたのが本書です。

本書にはさまざまなキーワードが収録されています。社長向けのもの。経営幹部向けのもの。管理職、一般社員向けのもの……。

その中のどれかひとつ、ふたつはすぐに今日のあなたのビジネスの役に立ち、せめてどれかもうひとつ、ふたつは、すぐには役には立たないように見えても、繰り返し読んでいくうちにやがて心の底深く沈んで、いつかあなたのビジネスのスタイルをいい方向に変えてしまう。そのような内容になっています。

これはあなたのためのビジネス手帳です。口はばったい物言いをお許しいただけるなら、これは小山昇流「ビジネス格言集」です。

私はあなたに、**いつでも・どこでも、そして気軽に、本書を読んでほしい**と願っています。ですから、そういう読みかたこそがふさわしいように本書を設計しました。

項目をすべて見開き2ページぴったりで完結させているのは、どのページからでも読めるようにするためです。

内容に応じておおまかに分類して章立てもしましたが、どうぞ**適当に、ぱっと開いたと**

ころからご自由に読み始めてください。

もちろん最初のページから順にお読みいただいても構いませんし、目次を見て気になったキーワードのページに直接アクセスなさっても結構です。意味を考えながらじっくり読み込んでくださってもいいですし、さらっと流し読みされてもなおいい。移動中に、寝しなに、待ち合わせの時間潰しに、常に携《たずさ》えてお目通しいただければ幸いです。

本書は上下巻で構成されており、上巻には「儲けをつくる言葉」「意思疎通を良くする言葉」「ミスを防ぐ言葉」「チームワークを良くする言葉」を、下巻には「お客様満足度を高める言葉」「変化に対応する言葉」「販路が拡がる言葉」「人を育てる言葉」を収録しています。

読み進めるうちにあなたは、「あれ、これとよく似た話を先日も読んだな」とお気づきになるでしょう。それもまた私の意図するところです。人は、一度見聞きしただけのことはすぐに忘れてしまう。**大切なことは手を変え品を変え言葉を変えて少しずつ、辛抱強く浸透させて**いくのが武蔵野流です。

武蔵野流マネジメント、武蔵野流経営の本質が本書には記されている、と私は自信を持っています。本書があなたのビジネスパーソンとしての道をひらく助けとなれば、筆者としては望外の喜びです。

新型コロナウイルス感染症は、2019年12月初旬に最初の感染者が報告されてから、わずか数カ月ほどの間に「パンデミック」と言われる、世界的な流行となりました。当時、本書の執筆は最終段階だったが、諸般の事情により出版が遅れました。

社長が社員教育に手間とお金を使い、損得なしに時間をかければ人は育ちます。武蔵野の社員は、入社時にはぱっとする人が少ないが、社員教育の量で多くのお客様から評価されるまでに育ちます。

時と場所を共有すれば、どの会社も輝きます。

末筆になりましたが、本書刊行にさいしお骨折りをいただいた、あさ出版の田賀井弘毅さん、企画・編集を担当していただいたアトリエ・シップの諏訪弘さん、私を日々教え導いてくださる全国の社長仲間の皆さん、武蔵野の全従業員に心からの感謝と敬意を表します。

2024年6月

株式会社武蔵野　代表取締役社長

小山昇

人を動かす言葉

上巻

CONTENTS

第一章 儲けをつくる言葉

第二章 意思疎通を良くする言葉

第三章 ミスを防ぐ言葉

第四章 チームワークを良くする言葉

第一章

儲けをつくる言葉

【お客様情報の収集】

——とりわけ大切な情報は、認知経路と購入の決め手になったもの

部下の報告を収集する仕組みで、必要に応じて指導を実施する。店長・部長が進捗会議にて共有する。

経営者はいつもこんなことを考えています。こうすればお客様にご満足いただけるだろう。ああすれば売れるに違いない。ではやってみよう……。これは、言うならば絶対評価です。自分の分析なり、予測なりを絶対的なものと仮定して施策を決めるわけです。

ところが**お客様は常に、相対評価で購入を決めます**。あちらのほうが安かったから。こちらのスタッフのほうが感じがよかったから。理由はよくわからないけど、この店で買うのがいいと思ったから……。経営者の絶対評価とお客様の相対評価がうまくシンクロすれば万万歳。ですが、そんなことはめったにないので、いずれ両者をマッチングさせる作業が必要になってきます。

その基礎となるものが「お客様情報の収集」です。

お客様情報を収集するうえでとりわけ大切なのは次の2点です。

①どういう経路で自社の商品なり、サービスなりをお知りになったのか。
②購入の決め手になったのはなにか。

この2点を正確に把握《はあく》し、全部門で共有します。というのは、A支店でうまくいった（＝売ることができた）方法は、B支店、C支店でも有効である可能性が高いからです。

お客様の認知経路だの購入の決め手だの、そんな情報、いったいどうやって集めたらいいのか？　**決まってるじゃありませんか、「現場」に行くことです**。私がいつも言うことですが、**真実は現場にしかないから**。

現場の情報を集める仕組みはいろいろありますが、私が特に効果的と思っている方法のひとつが「毎朝のお迎え報告」です。

わが社は毎朝、部長職以上が交代で私の自宅までタクシーで迎えに来て、共に出社することになっています。私の自宅から会社までは40分くらい。この間の車中、部長は現場情報を私に報告する決まりです。

お迎え役は、月に一度の頻度で順番が回ってくる。自分の番が近づくと、部長はもう必死になって「なにかネタはないか？」と最前線でお客様と接している部下から情報を集めてまわる。そりゃそうでしょう。40分間報告し続けるのは大変ですし、まして私は、軽い相槌くらいは打つものの、雑談には応じませんから。

だいぶ前のことですが、報告を15分で終えた部長がいました。私が促《うなが》しても「これで全部です」と言います。私は即座に彼を更迭しました。1カ月間業務に邁進《まいしん》していて、それでいて報告することが15分しかないのは、職務怠慢そのものです。

【解約】 ——新規契約獲得に要したコストを忘れるな

自分の財産が減っていくことです。言われたら上司とすぐに行くことです。新規契約と同じくらい、訪問回数を重ねると阻止できます。

「おたくとの契約は今月で終わりにするから」「了解しました。これまでありがとうございました」——。

経験の浅い社員は「解約は常にあること」と軽く考えていますが、実はこれはとんでもないことです。**契約が解約になるとは、自分の財産が減ったのと同じ**です。お客様あって売上が確保でき、組織が維持でき、社員とその家族が生活できる。**解約は、組織の存亡にかかわる「大ごと」**だと思ってください。

お客様から「契約解除したい」と言われたら、なにを差し置いても上司と一緒に訪問することです。決して1人で行ってはいけません。「誠意は数」です。3人で行けばもっといいし、10人で行けばさらにいい。多人数の訪問が誠意の表れです。

上司が不在の場合はどうしたらいいか。他部署の上司でもいいから周囲の人を引き連れて行きます。とにかくまず「数」で行って、誠意をお見せすることが大切です。

あなたの会社が持っているシェアは、ライバルが常に狙っています。なんとか契約をこちらに振り替えさせようと、毎日のように訪問営業を重ねています。これを跳ね返すためには、ライバル会社の訪問回数の3倍お客様訪問することです。ライバル会社が「1日1回」だったら、こちらは「1日3回」。それだけ集中して行かなければなりません。

その日1回目には2人で訪問し、2時間後には3人で訪問する。さらにその後、4人で訪問する……。お客様が「そこまでしてくれるのか」と感動するように訪問しなければなりません。ついでに言うと、一度に4人で訪問するよりも、前述のように2人・3人・4人と、**少しずつ人数を増やしながら3回訪問**したほうが、お客様はより誠意を感じ取っていただけます。そうしてお客様に絶対断られないようにします。

それは社内リソースを大変食うではないか、ですって？

馬鹿を言っちゃいけません。よく考えてごらんなさい、そのお客様の新規契約を取りつけるために、一体どれだけのエネルギーを費《つい》やしましたか。莫大な時間をかけたでしょう。**それに比べたら、解約を止めるほうがはるかに楽です**。

お客様を維持しておきさえすれば、最低限のエネルギー投下で売上はずっと確保できるし、新たなサービスや商品ができたときに売り込むことも容易です。このことは、組織を維持する上でとても重要です。

―― 駄目なところがあっても、楽しく仕事ができる環境を維持するほうがいい

欠点を取り除くとなくなる。

付き合いのある他社の経営者のかたに、ときどきこんなことを言われます。「小山さん、当社の欠点はこれこれしかじか。今後ここに力を入れて克服していくつもりでいます」。ご本人は「なるほど、ではこうなさい」とアドバイスが返ってくることを期待しておられるのでしょうけれど、しかし私はいつもこう言います。「いや、それは無駄だから止めたほうが良いですよ」。

自社の欠点はこれこれである。そう「認識」できるのは素晴らしいことです。しかしそれを「なんとかしようとする」のは間違い。なんとかするには莫大なリソースを必要とすることだから。

欠点がある状態をゼロとすると、中小企業がどんなに頑張ったとしても持っていけるのはせいぜい0・6とか0・7くらいでしょう。それが経営上の武器になるはずがない。だったら今、すでに**20とか30の状態にある長所を伸ばすほうに力を注いだほうがよほど良い**。というより、むしろそうしなければライバルとの戦いに負けます。

欠点は、往々にして自社の活力源だったりします。わが社の社員は、揃って仕事は大

嫌い。だからサボるのは大好き。学校の勉強はできなかったのに、サボりの口実を見つけ出すことは天才的に上手。飲み会は大好きで、ぱーっと何軒もはしごして、派手に飲み歩くのはもっと大好き。だから月曜日になると、2日酔いで青い顔をした社員がそこかしこにいる……。ね、どうしようもないでしょう。

これは経営的な視点からすれば明らかに欠点ですが、だからといって矯正したら、社内の雰囲気が極端に悪化することは明白です。人材は定着しなくなり、だからノウハウやスキルの共有・継承もできなくなり、わが社は次第に競争力を失っていくでしょう。

逆に言うと、欠点のある社員は、毎日和やかな気分が周囲に満ちあふれて楽しく、やりがいを持って仕事ができている。これが先ほど「(欠点は)活力源」と述べたゆえんです。小さな欠点を直そうとして全体をダメにすることがあってはなりません。

干柿は、柿が渋ければ渋いほど干し上がったときに甘くなります。自社の欠点は、この「渋」のようなものだと思ってください。渋柿は、焼酎を霧吹きでまいて密封しておくことで、多少は渋を抜くことはできます。ですが、それは食用に品種改良されたものと同等に美味かというとまた別の話です。ならばこの渋柿は往々にして自社の活力源だったりします。そのため、わが社の社員はいっそ干柿にしよう、と考えるのが賢明な経営判断です。欠点は、頑張ったところでなんともならない。**なんともならないものを、なんとかしようとしてはいけません。**

【狭く深く】——狭い範囲で小さな勝ちを積み重ねることが中小企業の生き残り戦略

中小企業が成長する鉄則です。やらないところを決めて、やるところは深く掘り下げて追求する。


業務を拡大しよう。——では人員はどう確保する？

新たなサービスを開発した。——それをどう広報して、どうお買い上げいただく？

支店をもうひとつ増やしたい。——しかし資金はどうやって調達したらいい？

このように、とかくなにをするにしても**リソース不足の問題に悩まされるのは中小企業の宿命**です。である以上、中小企業の経営戦略は自動的にひとつに絞られます。見出しにもあるように**【狭く深く】**です。

この分野なら勝てそうだ。このビジネスモデルならできるだろう。なんでもいいから、いち早くそういうものを見定めることです。そして、そこに社内のリソースを集中させる。これ以外に中小企業が勝ち残る方法はありません。

もちろんその「勝ち」は、小さい。だから勝ったところで得られる果実も少ない。局地戦だから当然です。しかし、それはそれでかまわない。小さな勝ちを積み重ねていくことが、中小企業にとって成長につながるからです。

……このように頭では理解していてもなかなか実行できないのが【狭く深く】です。幅を広げておくことがいざというときのリスクヘッジになると思って、ついあれもこれもと手を出してしまう。

お気持ちはわかりますが、**一度に複数のことを実行して、それぞれに相応の成果を出せるのは、よほどの大企業かエリート企業だけです。**中小企業がそれをしようとすればリソースが分散して、経営状態は悪化し、組織は活力をなくして終わるでしょう。文字通りの「骨折り損のくたびれ儲け」という感じで。

これはもう、経営者が意識を変えるしかありません。「うちは中小企業なんだ」「できること、こなせることには限度があるんだ」「いまはこれに集中するしかないんだ」と。

私は自分に能力がないことを嫌というほど自覚しているから、業務はもとより私生活でも「狭く深く」を実践しています。パチンコはどこの店のこの台でしか打たないとか、競馬は重賞レースの中の1レースしか買わないとか、飲み屋はここと ここにしか行かないとか。

それでどうなっているか。武蔵野の業績は依然好調で、競馬は7割くらいの確率で勝っている。馴染《なじ》みの飲食店に行けばいつもＶＩＰ待遇です。それは仕事も遊びも同じ頭（＝発想）で、つまり「狭く深く」でやっているからです。

【業績】——組織内のコミュニケーションの良否によって伸びも落ちもする

中小企業は外的要因でなく、内的要因のほうが業績を左右します。どんなに環境が悪く、同業他社が赤字になっているからといって、わが社までが赤字になって良いという理屈はない。赤字はどんなに理由をつけても赤字です。だから結果が良くないと話にならない。

自社の業績がふるわない原因を外部に求める経営者がいます。いわく、円高で（あるいは円安で）内需が落ち込んできているから。人手不足で、大企業が人材の囲い込みをしているから。少子高齢化で市場がシュリンクしてきたから。先行きの不透明な経済状況が続き、消費者の購買マインドが冷えきっているから……。

お気持ちはわかる。でも、こうした外的要因が経営に影響を及ぼすのはよほどの大企業に限った話であって、中小企業にはほとんど関係ありません。**中小企業はむしろ、内的要因のほうが業績を左右します。**

では、「内的要因」とはなんでしょうか。

一番大きなものは、社内のコミュニケーションです。

コミュニケーションとは、端的に言えば「感情」と「情報」のやりとりです。「○○さんのことが好きだ（嫌いだ）」「自分はこう思う」「それは不快だ」という感情。「こういうことがありますから、こうしてください」「お客様はこう仰《おっしゃ》っておられます」「ライバル会社はこうです」という情報――。この「感情」と「情報」とのやりとり（＝コミュニケーション）をどのくらい上手に、かつ円滑に、さらに素早くできるか。それが会社の業績に正比例する。

感情・情報の「情」という字は「なさけ」とも読みますね。「なさけは回数」です。誰かと友人になって、そのあと何度も会ったり遊んだりするから「友情」が育っていくように、「情」は数を重ねていくことが大切です。

それを「会社のコミュニケーション」に当てはめるとこうなります。

しょっちゅう声がけをする。特に部下の場合、彼から声がかかってくるのを待つのではなく、自分から積極的に話しかけて、会話のしやすい雰囲気をつくる。お客様訪問に何度も同行する。ほんのちょっとしたことでも「ありがとう」をたくさん言うように心がける……。そうやって**たくさんの時間、多くの場所を共有します**。

するとどうなるか。コミュニケーションが良くなるのはもちろんですが、もっと大事なのは「みんなの心が揃ってくる」。ひとつのミッション、ひとつの課題に、全員が同じ価値観でもって解決に当たることができるようになる。それが、「業績に正比例」するのです。

【近い】 ——なにを差し置いても重視すべきもの。「近い」は「安い」に勝る

重要な選択用件です。小額・少量ならちょっと高くても近くで買う。

あなたはいま「缶コーヒーでも飲もう」と思っている。選択肢は2つ。3軒隣にあるコンビニエンスストアで定価で買うか、値段は多少安いが自宅から遠いスーパーマーケットで買うか。

あなたがよほどケチで暇でもない限り、コンビニエンスストアに行くはずです。いくらスーパーマーケットが安いといっても、せいぜい数十円でしょう。それくらいの値段の差なら人は便利さを、すなわち近いほうを選ぶ。**「近い」のは、人がなにかを選ぶときの重要な選択要件です。**

わが社のダスキンライフケア事業部の吉祥寺オフィスは、駅から徒歩1分の場所にあります。国分寺支店や他のオフィスもすべて駅の近く。駅に近ければ家賃は高い。その代わり「人が集まりやすい」という大変なメリットがある。

お店は、お客様にお越しいただき、モノなりサービスなりをお買い上げいただくためにあります。いくら家賃が安くてもお客様がいらっしゃらなければ意味がない。また「近い」ことは、お客様のみならず、人材を集めるときにも有利に働きます。だれだって勤め

先を選ぶときは、駅から近い立地を望むものです。

新規出店するにしても人材を募集するにしても、**「近い」はなにを差し置いても重視しなくてはなりません。**物件を借りるときに「賃料が高いからやめよう」と考えるのは間違いです。高いからこそ借りなければならない。駅から「近い」、だからビジネスするに「良い」、それゆえに「高い」です。

人間は、面倒なことはやりたがりません。評判のレストランに行こうとしても、急に大雨が降ってくれば「近所のファミリーレストランでいいや」となる。なにかをやるときには、こうした**「お客様の都合＝お客様の目線」で考えなければなりません。**

経営者は、ややもすれば「安ければ売れるだろう」と思うが、それは「売る側の都合」です。「買う側」のお客様は、雨が降っていたり体調が悪かったりしたら、高くても近い店のほうがいいのです。もっと言えば、ミネラルウォーターのような重いものだったら、近くの商店からしんどい思いをして持ち帰るより、送料を払ってでも配達をしてくれる業者がいい。

お客様は、少々のことなら高く払ってもいいから、面倒はだれかに肩代わりしてもらいたいと常に思っている。多くのビジネスがお客様のそういうお気持ちの上に成立している。そこを自覚して行動することが真の「お客様目線」です。

【商売】――神社や仏閣も参拝客の満足を考えている

お客様のいない会社は、日本に1社もない。お客様サービスを忘れてはいけない。

「社員がいない会社」は存在します。「事務所がない会社」も実在します。ところが**「お客様がいない会社」は世界のどこにもありません**。どんな会社も、程度の差こそあれお客様がいて、商品やサービスを売って組織を維持している。職業人は、お客様からお金を頂戴して日々生活ができていることを肝に銘《めい》じておくべきです。それはすなわち、商売とは「お客様サービスを忘れてはいけない」ことでもあります。

この「サービス」に「わが社の都合」は入り込む余地がありません。わが社はこうしたい。これを、こういうふうに売りたい。そう思うのは勝手ですが、お客様が受け入れてくださらなかったら（＝お買い上げくださらなかったら）、そのビジネスのやりかたは「正しくない」ということになる。どれほど真面目にひたむきにお客様のことを考えていようが、お客様から「NO」と言われたらそれまでです。

このへんの微妙なおもむきがわからない経営者や管理職は、「どうしてこんなにいい商品なのに売れないんだろう」とボヤくが、なにをかいわんや、です。お客様が「要らない」と仰《おっしゃ》ったのだから、もう潔《いさぎよ》く引っ込める。

では、お客様が受け入れてくださる商品やサービスを提供するにはどうしたらいいか。単純ですが、お客様情報を集めることです。お客様にアンケートを取るのはその最たるものですが、モノを販売したことのない人はダメです。ライバルがどんな動きをしているかのリサーチもまたひとつの方法です。日常的にできる方法としては、現場で直にお客様と接している社員に訊《き》くことです。今日はお客様になにを言われたか。どういう様子だったか。見るべきところはたくさんある。こうした情報を正確かつ迅速《じんそく》に吸い上げる仕組みをつくっておくことは、「正確な」お客様サービスを実行する上で必須です。**市場には「お客様の自由」と「ライバルの勝手」しかない**と、これもまた肝に銘じてください。

話はややそれますが、全国から参拝者を集める神社仏閣があるでしょう。あれはどうしてそうなったかというと、神職《しんしょく》さんやお坊さんが「当社は霊験《れいげん》あらたかである。一度はお参りにいらっしゃい」と、布教を兼ねて「営業」していたからです。誰かがその気になって詣《もう》でると、そこには賑わう門前町があり、広い境内には各種お守りやおみくじが売られていて、時に秘仏《ひぶつ》なんかも公開されたりする。単純に「楽しい」です。

神社仏閣のような信仰の施設でさえ、繁栄しているところは参拝客を「お客様」として捉《とら》えています。どんな仕事も「商売」であり、「お客様」がいるという目で見ていくと、成功のヒントはいたるところに見つけることができます。

【整頓】――必要なものをすぐに取り出せる状態にする

ものの整頓、考えかたの整頓、情報の整頓があります。新人は甘い基準で結果を出させ、レベルアップしたら褒《ほ》める。

整頓は、必要なものを・必要なときに取り出して使える状態を保っておくことです。これができると仕事は飛躍的にやりやすくなる。それは、「これがほしい」「あれをしなくては」というとき、わざわざ探さなくていい、いちいち準備しなくていい環境がつくられた状態です。

整頓は「もの」の整頓が出発点です。やがて仕事の進めかたに気づく習慣を身につけ、組織力が強化できたら、先述のように**「考えかた」「情報」の整頓に広がります**。わが社が、早朝勉強会を始めとする各種勉強会を熱心に行なっているのは、教育を通じて社員の「考えかた」を揃え（＝整頓）、サービスレベルを均質化するためです。要は、社員のだれが担当しても同じレベルのサービスを、さまざまなお客様へ提供できるようにする。「情報」は、経営判断に関する5つの情報のことで、①数字報告、②お客様の声、③ライバル情報、④ダスキン本社・ビジネスパートナーの情報、⑤自分スタッフの考え方で、情報展開のプロセスや収集・共有が大切です。次に必要なのがスケジュールの整頓です。武蔵野1年間の事業年度計画が明示されており、準備の時間が充分に取れる。毎日のスケジュールが立てやすいです。リフレッシュ休暇のスケジュールも明示されており、有給休暇所得率は85%を越えている。こうしたことが――つまり、もの・考えかた・情報の整頓を徹底していること――武蔵野を「強い」会社にしている。

わが社は「整頓」を重要な教育機会として捉《とら》え、制度化しています。ご存知『環境整備』です。前段でお話したとおり、整頓を徹底するところにわが社の競争力の、ひいては利益の源泉があり、環境整備がきちんと行なわれているかどうかは定期的にチェックします。それが『環境整備点検』です。

新人だからと最初は大目に見て、見ないふりをするとそれが基準となり、手直しに時間がかかります。特に中途入社の社員は整頓の教育はされていないからなおさらです。

上司が、先輩が環境整備を通して、現場で働く人の心を通わせ、仕事のやり方、考え方を身につけさせる。落ちこぼれ集団であるわが社が、それでもどうにかこうにか人材育成をうまくやってこられたのは、教育レベルを社員個々人に合わせていること、そして結果を出せば褒《ほ》めることを徹底しているからです。

【増強】——売上はお客様との「接点」の量に比例する。効率悪くお客様訪問を重ねる

お客様との接点を増やすことです。営業担当者を増員するのが一番です。

少なからぬ数の経営者が「売上が伸びない」という悩みを抱えています。それであれやこれやと試行錯誤をしたり、広報活動に力を入れたり、必死になって新しい商品やサービスを開発したりする。

そういう努力を無にしようというわけではありませんが、実は売上を伸ばすことなんて簡単です。お客様との接点を増やせばいいです。

接点って？　端的に言えば**「人」**です。つまりは販売人員を増やす。それができた会社がライバルとの売上競争を制する。だから**営業戦略は、「いかに人員を確保・維持するか」の観点と無縁ではいられません**。

わが社のダスキン事業部は、営業拠点が（本書執筆時点で）10カ所あります。営業テリトリーは西東京一帯で、さほど広いわけでもないのに、なぜ余計なコストをかけてまで4つの拠点を保有しているのか。それはまさに、販売人員を確保するためです。人は、なるべくなら自宅から通いやすいところに勤務したいと思うものです。歩いていけるくらいの距離に勤められるのなら、「求人に応募してみようか」という気にもなる。

武蔵野は異動の多い会社ではないのか？　そうです。しかし、一度わが社の仕事に慣れてからであれば、本社勤務になろうが営業所に移ることになろうがもう辞めません。第一、わが社の4拠点は各々、電車で20分とかバスで40分とかで行き来できる。そんなに離れているわけではないから。

気をつけるべきは、やみくもに販売人員を増やせばいいものではない。**自社のシェアが上がってきているテリトリーに重点的に人員を投入していきます**。ここを間違ってはいけません。さもないと販売コストを回収することができなくなります。

ここでまた「お客様との接点を増やせばいい」と関連することをお話しすると、**販売人員は一人当たりの生産性が低くても構いません**。つまり、お客様にアプローチをして、それで即売れなくてもいい。その代わり回数は増やさなくてはいけない。売れなくてもいいから何度でも訪問せよ、セールスせよ、です。

人間は、情《じょう》の動物です。情とは、「情《なさ》け」です。情けとは端的に「回数」です。一度や二度セールスしたくらいでは、お客様の購買意欲など刺激することはできません。だからお客様訪問にあたっては「回数」を追求する必要がある。

セールス活動は、効率が悪くなればなるほど成績が上がるのです。効率を良くしなければいけないのはデリバリーです。この点は分けて考えることが肝要です。

【担当者ニュース】

――1枚のコミュニケーションツールのあるなしで成績が変わる

お客様担当者が、自分のできごとを手書きで1枚にまとめたお便り。伝票と一緒にお客様にお渡しし、担当者の人となりを知って頂くことで、商品だけでなく人と人とのつながりをつくるコミュニケーションツールです。

もう随分と昔のことになりますが、わが社のダスキン事業部にAくんという優秀な社員がいました。成績は常にトップクラス。お客様からの覚えもめでたく、周囲のだれからも出世一番頭とみなされる人材でした。私はもちろんAくんには感心しつつ、しかし実は彼の同僚のBくんに関心を持っていました。Bくんもまた Aくんに勝るとも劣らない優秀な人材なのに、なぜか成績はいつもAくんが上だったからです。

Aくんにあって、Bくんにないものはなんだろう。それがわかればダスキン事業部の業績もさらに上向くのに――。そう思って注意深く観察を進めるうちに、興味深い事実に行き当たりました。Aくんは営業ツールのひとつとして【担当者ニュース】を自分でつくり、お客様にお配りしていた。Bくんはそれをしていなかったです。

これはBくんを責めるわけにはいきません。担当者ニュースはAくんが自発的につくったもので、会社として「書きなさい」と指示したわけではなかった。でも「ものは試し」

とBくんにも担当者ニュースの制作・配布をさせてみたら――、驚くべし、Bくんの成績は急上昇、すぐにAくんと肩を並べるまでに伸びました。なんと、紙1枚が、社員の成績をかくも大きく左右するとは。

だれに指示されなくとも【担当者ニュース】をつくってお客様とコミュニケーションに努めたAくんは素晴らしい。ですが、もっと素晴らしいのは、その**素晴らしさに気づき、真似をして結果を出したBくんです**。

良いこと・成果が出ていることは、そのまま素直に真似するのが一番です。横展開で真似をする仕組みをつくれば、業績を上げるのはそう難しい話ではありません。

お客様担当者が揃って担当者ニュースを書くようになると、やはり人によってお客様の反応に違いは出てきます。冗談の得意なCくんのニュースはお客様にも評判だが、生真面目なDくんはいまいち、等々。私は、担当者ニュースがお客様に受けない社員にはこういうアドバイスをします。「受けている同僚の担当者ニュースを名前だけ自分に変えて持っていきなさい」。

そんなものがアドバイスか。身も蓋《ふた》もないじゃないか。

いいえ。良いこと・成果が出ていることを「使い回す」のは、素晴らしいことです。良いこと・成果が出ていることを素直に「真似する」のが最高の創造です。

【値引き】――わずかな値引きも粗利益を大きく圧縮する

お客様から報酬を値引きされるのは、我々が正しいサービスを提供し、お客様の要求を満たし、不満を解消していないからです。
原価40円、売価100円の商品を6%値引くとどうなるか。
①通常売り上げ(100)－原価(40)＝粗利益(60)
②値引き売り上げ(94)－原価(40)＝粗利益(54)
値引き(6%)した分だけ、粗利益がなくなる。この場合、粗利益額の10%です。

平凡な営業担当者は「ライバルからお客様を奪うためには値引きが一番だ」と考える。考えるばかりか、実際に値引き額を提示して契約をお願いする。

ですが、商品の値引きとは想像以上に大変なことです。

100円の商品を6%値引くとどうなるか。粗利益が6%減るだけで済むと思いがちですが、とんでもない、10%も減ります。というのは、その商品の仕入額は40円だから。粗利益10%減は、経営を揺るがすに充分です。ですから、どうしても安く売りたい場合は商品を換える。わが社で扱うダストコントロール商品なら、織《お》り目がちょっと乱れているとかで仕入値が同等製品よりもずっと安いものがある（もちろん性能は変わりません）。それを持っていく。

　そういうものがない商品で値引きをしてしまったら？　しばらく経ってから定価の違う商品を売り、値引き額を取り戻す努力をすべきです。利幅の薄い商品を値引きして売ったなら、後日空気清浄機や浄水器など利益率の高いものを**段階を踏んで紹介していく**。そういうことができるのが優秀な営業担当者です。「売る側」はマットもモップも空気清浄機もと、一度に複数の契約を取りたいと思うものですが、現実的ではない。現実的でないことはしてはいけません。必ず段階を踏んでください。

　ややもすれば値引き攻勢で契約を獲得する営業担当者に心していただきたいのは、お客様は「安ければ買う」というものでは必ずしもないこと。**お客様は、「高くて良いものを」「安く買いたい」**です。

　そこで、値引きをしなくても売るためには「商品にラブストーリーをつける」ことが必要になります。お客様が韓国ドラマのファンだったら、「これは、あの韓流スターが使っていたハンカチです」といって商品をお見せすると、仕入値1000円のハンカチがお客様にとっては10万円の価値になり、その値付けでもお買い上げくださる。安易に値引きするより、ラブストーリーをつけて高く売ったほうが同じ商品でも売れる。そのためには常にお客様を観察・研究し、お客様がどういう価値観をお持ちかを把握《はあく》する作業が必要です。

【定期訪問】――売れなくてもいい。訪問できただけで価値がある

お客様を敵の手から守ることです。売り込みでなく、お客様確保が目的です。降ろうと照ろうと、注文がとれようととれまいと、そういうことに関係なくお客様を訪問することが大切です。

わが社は、大口のお客様に対しては盆暮れに部長職以上の職責の社員（もちろん私も含みます）が御礼の品を持って訪問しています。私が訪問しているお客様は、実に45年に渡って解約ゼロ。「ライバル会社にお客様を取られていない」証《あかし》です。

定期訪問はお客様をライバルの手から守ることです。お中元・お歳暮をお渡しするのは、セールスです。つまりそれは「守り」ではなく、「攻め」の行為そのものと言えます。

もちろん、盆暮れでなくとも、また大口のお客様でなくとも訪問は欠かしません。新しいカタログができたからとか理由をつけてはご挨拶に伺っています。過去には私は、拙著をお持ちすることもありました。

経営者は例外なく、「わが社はお客様を第一に考えています」と言います。その気持ちは、定期的に訪問するとか、訪問のときになにかお持ちするとか、具体的な形が伴っていないと伝わりません。お客様は常に、ご自分の目線や感覚で判断なさるからです。そうである

以上、雨が降ろうが槍が降ろうが関係なくお客様を訪問する。

人間は感情の動物です。いつも来てくれている人を無下《むげ》に断るわけにはいかない。28ページ、【業績】の項でも述べているように、「情」とは回数です。何度もお客様訪問をしている（＝回数）から、お客様はライバル会社のアプローチを断ってくださる。

もうひとつ、定期訪問が大切なのは、お客様に「そろそろ来るな」と思い出していただく効果があること、そして自社にはどういう商品やサービスがあるかを認知していただくことができる点です。

新幹線の車内販売（2023年10月サービス終了）を考えてください。売り子さんからコーヒーなどを買う人は、たいてい1度目・2度目の訪問は「見送って」います。しかし、なにを売っているのか、次にこの車両に来るのはいつくらいになりそうかといったことは横目で確認していて、3度目くらいの訪問で「買う」。わが社も、特に新人などは「セールスに行っても売れない」と嘆くのですが、私はいつも**「1度、2度とお客様訪問できただけでも価値がある**のだから、あまり落ち込むな」と教えています。

訪問のしかたについては考えます。車内販売の例で言えば、ゆっくり歩く売り子さんのほうが早足の売り子さんよりよく売れる。同様に、お客様ごとに「理想的なペース」はあるから、それは見極めて合わせなくてはいけません。

【敗者】――ライバルとの戦いに「偶然の勝ち」はほぼない

負けてから味方を探し始める。

かの剣豪・宮本武蔵は、人生で60回も決闘をして1度も負けたことがないと書き遺《のこ》していますが、**わが社もライバル会社と戦って1度たりとも負けたことがありません。**過去一番大きな戦いは、わが社の売上が20億円程度だったころに、700億円のライバル会社Aに勝ったことです。宮本武蔵でいえば吉岡一門との戦いのようなものですね。

わが社はどうやって勝ったのか。偶然にも宮本武蔵と同じ戦いかたをして勝ちました。卑怯にも大勢で襲いかかってくる吉岡一門。さしもの武蔵も「多勢に無勢」では敵《かな》わない。そこで逃げるふりをして細い路地へと一門を誘導し、必然的に「1対1」の戦いになるように仕向けた。こうなればもはや武蔵に敵はない。かくして武蔵はたった一人で吉岡一門を撃破した――。

偶然にも、わが社も武蔵（野）だった。わが社20億円、A社700億円と聞けば、圧倒的にA社が強いと思うでしょう。ところがわが社は、東京都小金井市の狭い範囲で20億円のシェアを持っていた。対してA社は全国規模で確かに700億円だったが、小金井市に限れば3億円でしかなかった。わが社は、この「狭い範囲」での力量差を背景にA社と戦い、そして圧勝した。武蔵が細い路地での一騎打ちで勝ったのと同じように。

もちろん楽な戦いではありませんでした。相手はなにしろ大きいし、援軍も呼んでいました。そこで私は、具体的な手法は書きませんが、長期戦に持ち込むことにしました。そうすることで相手のやる気が次第に失せていくからです。援軍は、しょせんは「外様《とざま》」。勝ち目が見えたら本気になるが、最初から力は出しません。

ここでの教訓はふたつあります。ひとつは、**戦いを挑むときは頼りになる味方をつくっておく。見つからなければ戦わない。**

もうひとつは、これこそが重要ですが、**戦いを挑まれたときは、あらゆる手段で敵の情報を集め、研究して勝ちにいかなくてはならない。企業同士の戦いには「運」の要素はほぼありません。**ほとんどの場合で「戦いをしかける側」のほうが体力があるので、受ける側は死力を尽くさなければシェアを食われて終わりです。

勝ったことがない人は「勝ちかた」がわかりません。だから対策も後手になる。そして負ける。私は入社3年後にランチェスター戦略を学びました。市場を細分化し、優先順を決め、これに従ってひとつひとつのテリトリーに相手に勝る戦力を投入することです。ランチェスター戦略を学んでいなかったならば、武蔵野は壊滅的に敗れていたと思います。

【販売】――特にコモディティ品は、お客様単価を上げるよりお客様の数を増やす

現在の収益を上げるもので、売上増が増収増益に結びつく早道です。

増収増益を達成するためには、大前提として売上が伸びなくてはなりません。ではその売上はいったいどうしたら伸びるのか。ふたつしかありません。「お客様単価を上げる」か「お客様の数を増やす」か。これのみです。

多くの会社が、お客様単価を上げて売上を伸ばし、増収増益を達成しようとします。魅力的な商品やサービスを新しく開発して……、といったことですね。それで増収増益が実現したら理想ですが、現実には「労多くして実り少ない」で終わるケースが大半です。

なぜかといえば、これは個人のお客様に目立つ傾向ですが、**支払う金額の上限を決めておられることが多い**です。それがダスキンなら「清掃用具に月5000円以上は出せない」という具合に。新製品をセールスされたら、いままで使っていた商品は契約解除して、なんとか5000円以内に収めようとなさいます。

普通の社会人は、「月の飲み代は〇万円まで」「衣料品は〇万円」「遊興費は〇万円」という具合に、だいたいの上限額を決めている。それと同じです。お客様は、あらかじめ決めた金額以上はお支払いくださらない。この傾向は、コモディティ品（日用品）でより目

につきます。

だから、お客様単価を上げることに固執していると会社は先細りにならざるを得ません。売上を伸ばして増収増益を達成したいなら、お客様を増やすしかない。

お客様を増やすにはどうしたらいいか。はっきりいえば、**経費を使うしかありません**。まず広報。自社の商品やサービスを、ウェブ広告なども積極活用してお客様に知っていただく。どれほど素晴らしい商品やサービスも、お客様に認知されなければ「ないもの」と同じです。間違っても**「いいものは黙っていても売れる」とは思わないでください。良いものが売れるのではない。売れるものが良いものです**。

もうひとつは、人員を投入してお客様を開拓することです。訪問販売、試食販売、飛び込み営業……、考え得るあらゆるチャネルを通じて見込みお客様にアプローチし、自社のお客様になっていただく。

ここで気をつけなくてはならないのは、自社がカバーできる商域はどこまでかを決めておくこと。お客様が獲得できるのならどの地域でもいいやと考えてはいけません。商品やサービスを届け、代金を回収する作業に高コストがかかるからです。

業績が落ちてくると、いの一番に着手するのは「経費削減」です。しかし経費を削減すると戦いに負けます。会社の業績を良くするにはお金（経費）を使うしかありません。

【売り上げ増】

――とにかくお客様を増やす。それだけ「優良なお客様」も増える

お客様の増加が一番の早道です。

前項【販売】で「売上を伸ばすにはお客様の数を増やすのが一番確実だ」と話しました。いわく、お客様単価を上げることができればそれは理想だ。しかしお客様は、「この商品やサービスに払うのは月に5000円まで」「この店で買物するのは月に1万円まで」と、無意識に上限を決めているから、それは不可能に近い、と。

だから今月、新しい商品なりサービスなりをお買い上げいただくことに成功したとしてもお客様単価は増えない。それは「たまたま」「気まぐれで」購入されたに過ぎないから、先月までお買い上げいただいていたものがキャンセルされるだけです。こうした購買傾向は、昨今のように低成長時代が長く続けばなおさら顕著に表れます。

と言うと、「いや、商品やサービスの単価を上げる、という手もあるではないか」とのご指摘もあるでしょう。いや待て、既存の商品の価格を上げるのはお客様からの反発も大きい。ならば新しい商品なりサービスなりを開発して……、というのも、多くの経営者が好んでやりたがることです。

しかしここでも立ち塞《ふさ》がるのは、前項でも述べたように、お客様は買物の上限額を決め

ている揺るぎない事実。それがある以上、商品やサービスの単価を上げるのも、あるいは新商品・新サービスを開発して高い値付けをするのもあまり現実的ではない。単価がお客様が上限に設定している金額を超えれば、お客様は別の（もっと安く売っている）店に行くか、いっそもう購入しなくなってしまうからです。

お客様単価は上げられない、値上げもなかなか難しいとなれば、できることはやはり「お客様の数を増やす」だけです（最低賃金増加中は可能）。

客数が増えることで一番いいのは、「優良なお客様」も増える点です。経済的にも余裕があり、先月は１０００円のお買い上げでも今月は２０００円、３０００円とお金を落とすことを嫌がらないお客様は、常に一定の割合でいらっしゃる。それを離さないようにして、自社の売上増につなげます。

平凡な経営者はそういう「いいお客様」だけ、「お客様単価の高い層」だけを狙いますが、そんな選別はブランド力や知名度に劣る中小企業には不可能です。**まずはお客様の数を追求すること**です。とにかくお客様数を増やすことが大切です。そうすれば確率的に、「優良なお客様」の数も増えます。

お客様の数が同じで、売上が上がったのは、それまでサボっていたからで、お客様数が増えて、売上が上がったのは真面目に仕事をやったからです。

【DM】——既存のお客様を繋《つな》ぎ止め、過去のお客様を呼び戻すためのツール

定期的に出さないと効果がない。一度買っていただいた方やわが社を知っている人に出す。DMを出す前日に電話してお知らせしておくと、開封率は10倍になる。異物が入っていると開ける。

わが社のダスキンサービスマスター部門は、主に一般のご家庭の水回りや室内をプロの技量でもって清掃するサービスを提供しています。派生的に想像できるでしょうが、この部門が一番忙しくなるのは、年末大掃除の需要が高まる11月と12月です。

さて、ここで問題。ご注文くださるお客様は、（評判を聞きつけた）新規のお客様と、それとも（去年ご注文くださった）既存のお客様と、いったいどちらが多いか。

既存のお客様です。

なぜ去年のお客様が今年もご注文くださるのか。サービス品質にご満足いただいたことはあるとして、もうひとつ重要なのは、毎年9月、10月になると去年のお客様にDM（ダイレクトメール）をお出ししているからです。

DMは、お買い上げくださったお客様に出さなくてはいけません。これを多くの会社が間違えています。まず大部分の人は、知らない会社から届いたDMは開封せずにそのまま

資源ゴミに出します。だから、「下手な鉄砲、数撃ちゃ当たる」式にばらまくのは感心しません。どうしても出すなら、**封筒の中になにか「異物」を入れておくといい。**たとえば、小さなマスコットでもいい（象徴的な意味で書いています）。すると人は「なにが入っているんだろう？」と思い、開封率はぐっと高くなります。「小さなマスコットがもったいない」のではありません。「開封してもらえないほうがもったいない」から、工夫をしなくてはいけません。

DMを出す相手の話に戻すと、**最初に出すべきは「お買い上げくださったお客様」**です。これは前述の通りですが、では次に出すべきはだれか。**「お問い合わせやご紹介をくださったが成約には至らなかった、お客様見込みの方」**です。すでに自社のことも、商品やサービスのことも認知してくださっているから、開封率・成約率とも高くなる。

その次は**「解約になったお客様」**。すでに商品なりサービスなりをご利用くださった経験がある、これは大きなアドバンテージです。「解約」は気になるが、商品なりサービスなりに不満があってお止めになったお客様ばかりではない。中には「飽きた」とか「気まぐれ」とか、あるいは「ライバルにもっと安い金額を提示された」こともある。こういうお客様は、またちょっとしたきっかけで戻ってきてくださいます。

【テスト販売】——「なにを、どう売るべきか」をお客様に教えていただく機会

初めから大々的にやらない。小さな地域で繰り返し行い、販売方法・価格・数量をつかみ、ノウハウができてからマーケットを拡げる。

業績好調な店舗は、まず例外なくテスト販売を事前にしています。とりあえず小規模に出店して様子を見て、少しずつケーススタディを蓄えてフィードバックし……、というようにです。わが社の国分寺支店や小金井支店がうまくいっているのは、ダスキン本社がモデル店をつくり、1年間かけてきちんと検証したからです。

だれだって「こうすればお客様にご満足いただけるだろう」と考えながら店舗を構える。当然です。利益は、お客様にお喜びいただいた結果としてもたらされる。

ですが、**経営者や管理職が考える「良いこと」が、お客様の「求めていること」と同じであるとは限らない**。違っていることのほうが圧倒的に多い。

ではどうしたらいいか、良いと思えることはなんでも即座にやってみるのがいいです。最初のうちは外しても、トライ&エラーを繰り返すうちにやがてお客様にとって「求めていること」に行き着くでしょう。そして売れるようになる。

これは言い換えると、**「なにを、どう売るべきか」はお客様に訊《き》きなさい**です。テスト

販売をしてお客様のご意見をお伺いする。そして都度、商品を、売りかたも含め直していくことが大切です。

派生的に想像もつくことでしょうが、テスト販売をするときは最初から大々的にやってはいけません。規模が大きくなると身動きが取りづらくなり、トライ&エラーを重ねることも難しくなる。リソースに乏しい中小企業ならなおさらです。

お客様は、本質において保守的です。知らぬ会社の新しい商品、新しいサービスには興味はありません。また、海外で大人気だとか、実用新案特許を取ったからといって必ずしも売れるわけでもない。であれば、まずは小さいところ・狭いところから少なく始めて、多少成果が出始めてから徐々に拡げていくのが最善です。**最初から大きなロットでつくったり、広い地域で売ろうとすると失敗します。まして多額の宣伝費をかけたりするのは論外です。**

テスト販売をするときに注意すべきは、この新商品なり新サービスなりは、一体どういう層のお客様に受けるのか・受けたのかを観察することです。この商品・新サービスは、絶対評価で始めます。お客様の購入時は他の商品・サービスと比較する相対評価で絶対評価よりも厳しいです。

【注文】——訪問回数を増やし、有用な情報を提供する。それで増える

コミュニケーションが不足すると減少する。

コミュニケーションが不足すると減少するのが、お客様からのご注文です。

コミュニケーションとはなにか。一言、感情と情報のやりとりです。感情は「心」、情報は「事」です。つまりコミュニケーションとは、お客様との「心と事のやりとり」です。

であればお客様は、一度しか訪問しない営業担当者と、毎日（あるいは定期的に）訪問する営業担当者のどちらに注文する気になるか。後者に決まっています。営業主体のわが社は、「お客様訪問を怠ったら成績が下がった」とか、逆に「お客様訪問に力を入れたらトップになった」といった事例は山のようにある。どちらも、**コミュニケーションと注文が密接に関連している証拠**です。

コミュニケーションを増やすとは、具体的にはどういうことでしょうか。ひとつには、前述の通り訪問回数や接触回数を増やすことです。もうひとつは、**お客様にとって有益な情報をたくさんお伝えする**ことです。

レストランで「カレーライスとコーヒー」と注文すると、係の人が「それでしたらドリンクセットでご注文いただくと、別々に注文するよりお安くなりますよ」と教えてくれる

ことがあるでしょう？　あれが典型的な「有益な情報」です。お客様は「黙っていれば売上が増えるものを、損を承知でわざわざ教えてくれた」と満足なさいます。

　コミュニケーションが不足しないようにするためにはスケジュールを立てることです。具体的には、よくお買い上げくださるお客様は多く訪問したり、他の方と一緒にいるときに接触する。そうでもないお客様は少なく訪問する。あまりお買い上げくださらないお客様は、なにをしようがそれ以上注文が増えることはまずありません。**「売れるところに」「売れるものを」「よりたくさん売る」**のがビジネスの鉄則です。

　わが社のダスキンライフケア事業部にはこんな法則があります。「Ａクラスのロイヤルカスタマーに対して、月間３００回訪問をすると売上は減らない。４００回訪問すると売上は伸びる」。あるとき、４００回訪問しているのにもかかわらず売上を落としている営業担当者がいました。理由を分析したところ彼は、成績が上がらないＣクラス以下のお客様に同じように訪問していたことが判明しました。ここからなにが言えるのか――。「２００件のお客様に２回ずつ４００回ではなく、20件のお客様に月間20回訪問して４００回に達したほうが成績が上がる」です。満遍《まんべん》なく訪問するのは、コミュニケーションが増えるという意味ではいいことですが、売上につながる意味では「満遍なく」ではなく「バランスを崩して」訪問することが大切です。

【付加価値】

——他のお客様に喜ばれたことを別のお客様にも伝える、それが基本

商品にラブストーリーをつけることです。

【値引き】の項（40ページ）で「商品にラブストーリーをつける」という話をしました。

いわく、値引きとは容易ならざることだ。値引きをしなくても売るためには、「このマフラーは、あのスターがあの映画で使っていたのと同じものです」といったラブストーリーをつける必要がある……、と。

商品なりサービスなりを売るときは、常に**「どうラブストーリーをつけたらいいだろうか」と考えることが大切**です。それがあるのとないのとでは、売れ行きが大きく違ってくるからです。

ラブストーリーが人気俳優にまつわるものなら文句なしですが、有名人でなくてはいけないということはまったくない。無名な人でもいいし、身近なことでもまったく構わない。

一番簡単なのはこうです。「この商品を使っているお客様が、先日こういうことでたいへん誉めてくださいました」。

ラブストーリーをつけるとは、お客様に喜ばれたり誉められたりしたことを、そのままストレートに他の人にも伝える、これが基本です。派生的に連想もできると思いますが、

売れたら「売りっぱなし」にしては絶対にいけない。「なぜお買い上げくださったのですか？」とさりげなく、確実にご質問差し上げることです。

臆する必要はありません。お買い上げくださったとは、お客様は商品なりサービスなり、はたまた価格や接客などに満足している（可能性がきわめて高い）ことですから、本音を教えてくださります。それで得られた回答がラブストーリーの要になります。

お客様の認知経路を、すなわち「どのようにしてこの商品を知ったか」も、併せてヒアリングしておくといいでしょう。それが人気テレビドラマの小道具として使われていたというのなら、「テレビでも話題の……」とコピーの幅が広がる。ご町内の口コミで知ったのなら、「主婦の間で隠れたロングセラー！」ということもできる。どちらも強力なラブストーリーになります。

要は、**多くの人に関心を持ってもらえそうなことがラブストーリーになる**。それは、頭の中で「こうだろうか」「こうではないだろうか」と考えるより、実際にお買い上げくださったお客様にお訊《き》きするのが一番確実です。

わが社は、セミナーを開けばほとんど満席、社長の私が著作を上梓《じょうし》すれば数万部は常に売れます。それは手を換え品を換えて常にお客様に訊いているからです。「どんなセミナーに興味がありますか」「どういう内容の本が読みたいですか」と。

【非常識】――他の業界で上手くいっていることを自社に取りこめないか、と考えよ

新しいことです。業界の非常識を積み重ねないと、日本一とか世界一にはなれない。

よく「あいつは非常識だ」なんて言ったり、言われたりしますね。私もしばしば「小山は非常識な経営者だ」と陰口を叩かれますが、まるで気にしていません。実際その通りだし、そもそも**「非常識」は褒《ほ》め言葉**だと思っているからです。いつ倒産してもおかしくないと囁《ささや》かれていた武蔵野を立て直し、地域ナンバーワンのガリバー企業にまで成長させることができたのも、私の非常識経営があったからだったと自負してもいます。

さて、では「非常識」とはなんでしょうか……、と、それを説明する前に少々余談をしましょう。

あなたの会社が運営しているスーパーマーケットは、地域で5位の位置にあります。あなたは経営者として、この順位を少しでも上げて経営を盤石《ばんじゃく》なものにしていきたいと思っている。さあ、なにをすべきでしょうか。

「上位の会社がやっていることを真似する」。はい、それはひとつの「解」です。5位の会社が1位の会社の真似をすれば（内容にもよりますが）3位、4位は狙えるでしょう。

ですが、1位にはなれません。なぜならば「1位の会社の真似をす」るとは、「業界の

常識」を積み上げているだけだから。それでは体力やブランド力で勝る1位の会社には勝てない。

ではどうしたらいいか。ずばり申しましょう、同じ業界のトップランナーを真似するのではなく、**別の業界で上手くやっているやりかたを真似する**ことです。

スーパーマーケット業界なら、薄利多売《はくりたばい》を旨とするビジネスモデルの必然として、お客様一人ひとりとの濃密なリレーションシップは取りません。チラシを入れたりポイントカードを発行するなど。ところが自動車販売業や不動産業界などは単価も高く、買い替えや保険、各種メンテナンスなどの需要も期待できるので、ひとたび販売してからもDMや訪問と手厚くお客様をもてなします。

ならば、5位のスーパーマーケットが自動車販売業や不動産業界のお客様関係管理のノウハウを真似してみたらどうでしょうか。これは強烈な差別化要素になります。だってそんな非常識なこと、スーパーマーケット業界ではどこもやっていないから。

つまり「非常識」とは、他の業界でうまくいっていること（＝常識）を、自社の業界で一番初めに真似することです。私が「非常識経営者」を自任するのは、上手くやっている会社を片っぱしから見学して、「良い」「素晴らしい」と判断したものはそのまま即座に真似することにためらいがないからです。

【いい社長・悪い社長】

──「やらせる」と決めたら絶対に断行するのがいい社長

社員を強制的に勉強させると業績がいい。逆に、社員の自発性に任せると業績が悪い。それはもう面白いほどです。業績のいい企業、悪い企業の明確な違いです。

業績がいい会社と悪い会社。違いは単純明快です。社員に強制的に勉強させる会社は業績がいい。社員の自主性に任せている会社は業績が悪い。これ、例外はありません。

それは私だって、「社員が自主的に勉強に取り組むようになってくれたらどんなに素晴らしいだろう」と思う。勉強に追い立てる側は、ややもすれば学ぶ側以上にエネルギーを使うし、勉強しなさい、さあ勉強だと駆り立てるのも苦痛だから。ですが、社員が自発的に勉強してくれたら、は決してかなわない願いです。「勉強」なんて嫌なこと、面倒なことです。そんなものは社員の自主性に任せていたらいつまで経ってもやりません。

社員の自主性に任せては勉強はしない、だからといって社員教育をしないわけにはいかないとなると、必然的に「強制」となるが、では強制したら社員は勉強するのか、というとそんなことはない。あの手この手で逃げます。当然社長にも相応の策が必要になる。「強制」を有効なものにするためには、**強制に従うことが自分のメリットとなる仕組みをつくるのが一番**です。あるいは、従わないことが自分のデメリットとなる仕組みでも構いません。それは、**身も蓋《ふた》もないことをいえば「お金」**です。

わが社の日常的な学びの場は、毎朝の早朝勉強会と環境整備です。早朝勉強会は、建前上は任意参加となっていますが出席状況は評価に反映されるので、事実上の強制になっていました。過去に、早朝勉強会への出席が3日足りなかっただけで数十万円もの賞与を損した管理職もいました。環境整備もまた評価に直結する上、作業は就業時間内、つまり賃金が発生する時間帯で、強制することに問題はありません（現在は評価に反映されない）。

話が前後しますが、では就業時間外の早朝勉強会はどうかというと、「時間外」ゆえに1時間分の基本給を25％増で払っている。1カ月休みなく出席すれば、ちょっと馬鹿にならない金額になる。そりゃ社員だって眠い目こすって出てきます。

私はよく言います。**「社員のやる気は金で買え」**って。お金で社員の気持ちを引っ張るやりかたは、上品とは言えません。しかし選択肢があるのに社員教育ができず、それで業績を落とす社長と、やりかたはやや荒っぽいがきちんと社員教育を施して数字を伸ばす社長だったら、後者のほうがいいに決まってます。

社員の嫌がることを、それでもなんとかやらせようと頭を使い、お金を使い、手間をかけ業績につなげることのできる社長が「いい社長」です。

【好調】——業績が伸びると人は浮かれる。油断する。そこで落とし穴にはまる

勝って兜の緒《お》は締まらない。社内が緩んで凡ミスが増加する。本部長職以上の賞与を10分の1にするしか対策はない。

格言にいわく「勝って兜の緒を締めよ」。でもね、そんなことができるのは、徳川家康みたいな歴戦の名将くらいであって、普通の人には無理です。勝ったら安心しきって武装解除する。そして浮かれる。特に中小企業にいる社員は、一定の周期で同じことを繰り返します。

2018年、わが社は創立以来の高収益を達成しました。前年比113％の成長、純利益も4億円くらい積み増しできた。私は、この豊富な事業資金は、社員に新しい体験をさせるために使おうと思いました。そこで現場から上がってくる「ああしたい」「こうしたい」の要望を、ほとんどすべて決裁しました。「好きなようにやってみなさい」です。するとどうなったか。社員は、それでなくとも「勝って」浮かれているところもあって、新しいことをやるのに夢中になった。当然、確実に利益の出せる「本業」は手薄になる。それがために業績は急降下を始めた。これは私もある程度は予測していたのですが、急降下の「度合い」は私の予測を上回るものでした。

社員に新しい体験をさせることができた。これはとても素晴らしいことでした。しかしそれが業績と引きかえになるのは、私の方針に反します。なんとしても「兜の緒を締め」させ、業績を回復させなくてはいけない。

そのためにはどうしたらいいか。方法はひとつしかありません。**「しない」ことを自分のデメリットにする**のです。一番いいのはやはり給与・賞与関係で危機感を感じさせることです。そこで業績が下降しはじめてから半年後、私は本部長以上の社員を集め、業績の推移グラフを示してこう言いました。「見ての通り、数字は下降の一途です。年末の賞与は、〝小与〟にせざるを得ないよ」。幹部社員は、私の言う「小与」が比喩《ひゆ》や脅しでないことを骨身にしみて知っているから、一転必死になって頑張りはじめた。

とまあ、このような施策でどうにかこうにか経常利益は前年を上回ることができました。数字そのものは目標を下回ったため、本部長職以上の賞与は減らさざるを得ませんでしたが、それでも「小与」にはならずに済んだ。

会社の調子が良くなって浮かれる。あるいはいっそう慎重になる。両者はほんのちょっとした心がけの違いに過ぎません。ですが慎重な意識を保った人が5名、10名、そして全社的に増え、さらに慎重な意識を保った状態が3カ月、半年と続いたとき、両者の「ほんのちょっとした心がけの違い」は、大きな数字の違いとなって表れます。

【広く浅く】──リソースに劣る中小企業では絶対にやってはいけないことのひとつ

やることが増えて成果につながらない。

株式会社武蔵野は天下に隠れもなき落ちこぼれ集団です。つい四半世紀前まで、社員はといえば揃ってゾク（暴走族）かスケバンあがり。仕事はサボるわ不正は横行するわ、ご近所からは白い目で見られるわ、本当にいつ倒産してもおかしくない状態でした。

常務時代、私は家庭市場事業部を担当していたが、藤本社長から業務市場事業部の担当を命じられた。数日後、トンデモない事に気づきました。外交員20名の成績の良い半数以上が不正をしていた。私はこの事実にびっくりしました。不正者を一度に解雇すると、ダスキン交換に支障を来たします。

そこで、先頭に立って不正をするA、Bくんがガソリンスタンドで自家用車に会社の伝票で給油をしていることを発見し、これを盾に2人に会社を辞めてもらいました。解雇の噂はあっという間に広がり、不正はピタリと止まった。

そんな会社がなぜ立ち直ることができたのか。毎年のように増収増益を達成し、元暴走族・元スケバンだった社員はモラルと自信を取り戻し、お客様から支持されて、西東京地域では圧倒的なシェアを誇るガリバー企業に生まれ変わることができたのはなぜか。

それは、ひとつには徹底して「広く浅く」の逆をやったからです。つまり**「狭く深く」**です。営業活動をするとき、小金井市東町の一丁目〜四丁目だけを攻め、残りのエリアは捨てる。その代わり一丁目〜四丁目には全精力を注ぎ、シェアトップを目指す。社員教育をするのだったら、当時はまだ幼稚な内容でしたが、経営計画書を繰り返し、徹底的におさらいさせる。ビジネスマナーとか、ＩＴスキルとか、難しいことは潔《いさぎよ》く放棄する。

そうやって「狭く深く」をやり続けて、**少しずつ「できること」を増やしてきた。**その結果として、いまの武蔵野がある。

この「狭く深く」って、なかなかできません。特に社長の多くは、あれも、これもとやりたがる。手広くするとある種の保険になると思うからでしょう。お気持ちはわかりますが、少ないリソースが分散してなにも得られない結果に終わるでしょう。中小企業の基本は常に「1点集中、全面展開」です。かくいう私も社長になって3年目、３００時間かけてさまざまな社員教育を行ったら、歯抜けのように社員の退職が続きました。

1点集中した結果が間違っていたらどうするのか。そのときは即座に別の1点に集中するのみです。私がなにかにつけスピードを重視するのはそれです。**間違った施策も即座に実行すれば、間違った結果がすぐに出る。**そうすれば方向修正も、これまたすぐにできる。こういう身軽さが中小企業最大の武器だから、それは積極的に活用しなくてはなりません。**変わり身の早さは、美徳です。**

【自己資本比率】

――経営の安全性にほぼ影響しない。とにかく現金を持っておく

自己資本比率を高めたいために、借入金を返済して現預金の残高を減らしてはいけない。

普通の社長は「自己資本比率が高いと経営が安定する」と考えます。それで会社預貯金を切り崩して返済に充《あ》てて、「これでわが社も健全化できた」と言って安心する。

これ、大いなる間違いです。

金融機関が企業に融資するときには、「財務格付表」をつくります。多角的に融資先の財務状況を把握《はあく》して、健全と判断されたらお金を貸してくれる。貸付先企業の自己資本比率が高いと確かに評価も高くはなります。

「そら見ろ、なにが誤りだ。やはり自己資本比率は高いに越したことはないじゃないか」。

ところが財務格付の自己資本比率に関する配点は、129点満点のうちたった10点ぽっち。つまり**自己資本比率が高かろうが低かろうが、経営の安定度にはあまり関係がない**。少なくとも金融機関はそこに重きを置いてはいない。現にわが社は自己資本比率30％で配点は7点しか獲得していませんが（コロナ前）、それでも「ぜひ融資を受けてください」とお願いされるくらいに金融機関からの信が篤《あつ》いことは皆さんよくご存知の通りです。この1点をもってしても、自己資本比率は経営の健全さと比例関係が薄いとわかるでしょう。

さて、この7点を10点満点にしようと思ったらなにをすべきか。言うまでもありません。借入金を返すことです。

この53期(出版時61期)、わが社は複数の金融機関から計21億円の融資を受けていました。いっぽう現金は金庫に6500万円、普通預金が17億円、定期預金が3億円あった。合計すればほぼ全額返済することはでき、自己資本比率は59%に上昇する。しかしそれをすると現金がゼロになり企業体力は著しく落ちる。不測の事態にも対応できなくなる。つまり倒産の危険が高まる。こうなると、貸し倒れをなにより恐れる金融機関は絶対に融資はしてくれなくなるから、ますます倒産のリスクは高まっていく。

多くの人が誤解していることですが、会社は借金があろうが赤字決算になろうが倒産はしません。ただ現金が回らなくなったときに倒産する。ということは? そうです。借入金でも内部留保でもなんでもいいから、とにかく**少しでも多くの現金を手許に持っておくことが経営の安全性を高める**。つまり金融機関は融資先のなにを重視しているかというと、ずばり「現金」です。キャッシュをどれだけ持っているかがすべてです。

経営は現金に始まり、現金に終わる。とにかく一に現金、二に現金、三・四がなくて五に現金です。これを「現金主義」という。よく覚えておいてください。

【伸びる会社・伸びない会社】

――嫌なことを、嫌々ながらも実行するかどうか

社長の方針を「嫌々ながらやり続ける会社」と「結局やらない会社」の差は大きい。経営の差、売上や業績の差につながる。

早朝勉強会を始めとする各種勉強会や、種々の発表会。環境整備や懇親会、面談、地域貢献活動、各チーム活動。わが社にはたくさんの、本来の業務とは直接関係のない事柄があります。これらに携わる社員は一人の例外もなく、高いモチベーションと強い意欲を持って参加している……、はずは当然なく、一人残らず**「嫌々ながら」やっている**。

当たり前じゃないですか。仕事ですら嫌なのに、それ以外のあれやこれやなんてもっとやりたくないに決まっている。それがまともな人間です。私は今朝も、嫌々早朝勉強会に集まってくる社員の顔を見て「ああ良かった。わが社はまともな人材ばかりだ」と胸をなで下ろしたところです。

わが社の社員は、なぜ嫌なことを少しも逆らわずにやっているのか。理由は簡単で、活動の参加状況や成果は社員評価と連動しているからです。つまり社員は、お金欲しさに「嫌々ながら」「仕方なく」やっている。

そんなことでいいのか、といえばもちろん構いません。

124ページ、【ぬるい】の項で、「チェックがないと部下は動かない」という内容の話をしています。だから、前項で挙げた諸々の勉強会や活動なども、参加させる、やらせるからには当然チェックをする（評価に直結させるので、なおさら入念にやります）。

環境整備でいうと、普段はどの部門も嫌々ながら、渋々と、手を抜きながらやっています。ところが環境整備点検（チェック）は4週に1度ある。日程は事前に告知してある。するとどうなるか、点検日の3日くらい前になると、目の色を変えて環境整備に取り組むようになる。当然ですね、自分の賞与が半減するかもしれないから。

4週に1度だけでも真剣に取り組めば、1年では13回「真剣になる」計算になります。10年では130回、30年だと390日。これは、非常に大きい。**嫌々だろうが渋々だろうが、それだけ積み重ねてきたことによる成長ははかりしれない**。

潔癖《けっぺき》な人は、ややもすれば「心が伴ってないと……」みたいなことを言うが、しかし心のように「目に見えないもの」は、問うても無駄です。心の中では「くっそー小山め、あの馬鹿野郎」と罵倒《ばとう》しながらでもいいから手を動かし、環境整備に取り組んでくれたらいい。そうすれば本人も成長するし、仕事のしやすい環境が整うし、利益も出しやすくなり、だれもがハッピーな結果へと至る。それでいいじゃないですか。

嫌なことを嫌々ながら、それでも仕方なくやる仕組みがあることが素晴らしいです。

【掃除】 ――ボランティアは強制できない。強制するためには「道理」が必要

掃除はボランティアです。自由に行なうものです。自主的にはなかなかできない。掃除の目的はゴミや汚れを取ることです。環境整備とは異なる。

私はしばしば「環境整備が組織力強化の源泉であり、利益の源泉である」と言います。連載や著作にもしばしばそう書きます（本書でも書いています）。そのせいもあり、全国の中小企業経営者や経営幹部がしばしばわが社の武蔵野バックヤードツアーにいらっしゃる。このとき、ときどき失望されたようにこう言われます。**「なんだ、ただの掃除じゃないか」**。お気持ちはわかる。環境整備の見た目は確かに掃除だし、終わったら床も壁もきれいになっている。

ですが、環境整備の本質は掃除ではない。環境整備とは、仕事がしやすい「環境」を「整」えて「備」えることです。そして、環境が整った状態で仕事をすることがどれだけ業績に資するかを社員に日々認識させることです。

仕事がしやすい環境が整う。社員のマインドが鍛《きた》えられる。だから利益につながる。「環境整備は利益の源泉」とはシンプルな話なのです。

わが社では環境整備は「強制」です。この強制力は相当に強く、どれほど職責が高かろ

うが、必ずやってもらう。かつては環境整備の時間にわざわざお客様とのアポイントを入れて、作業から逃れようとした社員もいましたが、私は「そのお客様はライバルに渡して、君は環境整備をするように」と命じました。とにかく環境整備は、それこそ親の生き死にとか、大口のお客様から重大なクレームが入ったとかくらいの理由でないと免除を認めないという点で徹底しています。

どうして強制できるかわかりますか？　理由は単純、環境整備は就業時間中に行なうからです。すなわちそれは「業務」であり、賃金が発生している。だから強制できる。

人間心理をおろそかにする社長は、ややもすれば社員の自主性・自発性に期待する傾向がある。これこれは有用なことだ。それは社員もわかってくれているはずだ。だから自主的にやってくれるだろう……。甘いにもほどがある。よほどのエリート企業ならともかく、中小企業の人材は右のものを左にもしない横着者《おうちゃくもの》ばかり。社員の自主性に頼っていたら、いつまで経ってもなにも実現できません。

環境整備は、疑いもなく「良いこと」です。良いことだから、わが社は強制する。なおかつその強制に対しては、賃金が支払われる「道理」がある。

わが社がずっと業績を伸ばし続けているのは、このように**良いことを強制しているから。高い給料・多い賞与・多くの休日に少ない残業・リフレッシュ休暇（5～9日間）、有給休暇取得率85％を得る権利はあるが義務もある。**

【地域戦略】——輸送・移動コストは無視できない大きさ。中小企業は商圏を狭めること

時間戦略です。地域を絞ると、短時間で粗利が上がる。

普通の会社の普通の社長は、「お客様は増えれば増えるほどいい」と無条件に考えています。だから、その**お客様に商品なりサービスなりを売るためのコストについては無頓着になりがち**です。ひとつ売ってようやく100円の利益でしかないものに、120円もの販管費用をかけている会社は、決して珍しくありません。売れば売るほど赤字になる経営をしてなぜ平気なのか、私にはまったく理解できない。

実は私もそんな偉そうな顔ができません。つい30年くらい前の武蔵野こそ「100円の利益のために120円もの販管費用をかけている会社」だったのですから。

当時のわが社のダスキン事業部の営業テリトリーは、現在とは比較にならないくらい広かった。東は銀座あたりまで。西は山梨県の近くまで。南は大田区・田園調布、北は埼玉県南部まで。東京に土地勘のないかたには実感しにくいが、全従業員数百人規模の中小企業ではあり得ないくらいの、とんでもない広さです。

こんなことになっていたのは、当時のわが社がフルコミッション（完全出来高制）の営業担当者複数名と契約していたためです。彼らは「成約件数を増やせば増やすほどお金に

なる」から、契約後のレンタルサービスがどう、アフターケアやフォローがこうといったことは一切かまわず、むやみやたらにお客様を開拓していった。

いくらお客様第一といったところで、これだけ広大な範囲に点在なさっていてはわが社の規模では対応しきれない。そう判断した私は、他のダスキンの代理店に話を持ちかけてお客様の交換をしました。これは、額で言えば「100を渡して60～70程度を貰う」という感じのものだったので、交渉はごくスムーズに進みました。

駄目な社長は、30～40を失う決断ができない。気持ちはわかりますが、だからといって大渋滞の都心部を何時間もかけて向かい、マットを1枚だけ交換する、なんていうのは「ビジネス」とは呼べません。

わが社は30～40を失った代わりに、お客様を近場に集積させることができた。配達・交換の手間がすさまじく――、それこそ何倍というレベルで――、効率化したので、販管費を大きく下げることができた（輸送や移動にかかわるコストは、見過ごすことができない大きさです）。浮いたリソースは地域の潜在顧客の掘り起こしに充《あ》てることができた。こう考えると、わが社は「30～40を失った」どころか、実は大変な得をしたことになる。商圏（地域）を絞り、なるべく短時間で、なるべく効率よく業務を完遂すること。そこに中小企業の勝ち残り戦略はあります。

【適正在庫】——大切なのは在庫を蓄えておくことではなく、「売る」こと

3日以内に調達できるものは在庫にしない。現場では誰もが欠品には敏感になるが、在庫が多すぎる分には不安を抱かない。現場が最も恐れるのは、ラインがストップすること。それを防ぐために、常に余分に在庫を持とうとする。だが、こうした考えを持っていたら、その分コストが膨れ上がる。適正在庫の早道は環境整備です。

特に物販をやっている企業には明らかな傾向ですが、なにかといえば在庫をたくさん持とうとします。豊富な在庫があれば機会損失が減り、安心だと思うからです。お客様から「これこれが欲しい」と言われたら「ございます」とぱっと出せる、それが自社への信頼を揺るぎないものにする、というわけです。

「信頼を揺るぎないものにする」目的は、売上を伸ばし利益を確保するためです。であれば、その在庫を抱えておくことがどれほど多大なコストとなって自社の利益を圧迫するか、少しは想像が働いても良さそうなものです。

倉庫に在庫がいくらあってもそれだけでは売上は1円も上がりません。**大切なのは在庫を蓄えておくことではなく「売る」こと**です。幸いにして現在は様々な理論やツールがある。「ABC分析」は有名なところですが、こういうものを適宜活用して、必要以上に倉

庫に在庫を置かないよう努めることです。目安としては、本項冒頭にもあるように「3日以内に調達できるものは在庫にしない」。**「たくさん在庫がある」ことと、「使い勝手がいい在庫」は違う**。ビジネスを営む以上、在庫と完全無縁でいることは不可能です。

ここだけの話ですが、ABC分析よりももっと簡単に適正在庫を実現する方法がります。それは「現在の倉庫は契約解除し、より小さい倉庫に借り換える」こと。借り換えが難しいなら「棚を減らす」とか「棚板を減らす」でも構いません。そうすれば物理的なスペースがなくなるから、すぐに必要になるものだけが必然的に残り、次第に適正在庫に近づいていきます。

これは環境整備によって業務が改善していくプロセスそのものなのです。不要なものはためらわず処分する・残ったものの整理整頓を徹底する、これは環境整備のポイント中のポイントです。

お恥ずかしい話ですが、あるとき社外にある在庫をチェックして歩きました。なんと1年以上売れない商品が年間650万円の倉庫を借りて置いてあることを発見しました。私はすぐに4000万円の商品の廃棄を思い切って処分する決定をした。1年以上動かない不良在庫は所轄税務署に届け出て備忘価格をつけて処分した。報告がなかった担当者の処分はしなかった。不良在庫に気づけなかった私が悪かった。

【環境整備】——不要なものは捨て、残ったものは整理整頓する。それで劇的に変わる

(一) 仕事をやりやすくする環境を整えて備える。
(二) 形から入って心に至る。「形」ができるようになれば、あとは自然と「心」がついてくる。
(三) 職場で働く人の心を通わせ、仕事のやりかた・考えかたに気づく習慣を身につける。

前項【適正在庫】で、「不要なものはためらわず処分する・残ったものは整理整頓を徹底することが環境整備のポイント」と書きました。この「処分」とは端的に「捨てる」ことですが、しかし「捨てる」ができない人はとても多い。「仕入れ代金がもったいない」「いつか売れる」。根拠もなくそう信じて、後生大事に抱えている。それがどれほどの高コストを要求するか想像したこともないのでしょう。

「捨てられない」社長や経営幹部、管理職のため、私はセミナーでしばしば左ページの図を見せて説明します。図1はアラビア数字・ひらがな・アルファベットが無秩序に入り乱れている。だから「G」が必要になっても、取り出すことは容易ではありません。これぞすなわち「環境整備ができていない」状態。大部分の会社がこの状態を容認しています。図2はひらがなとアルファベットを「捨てて」みました。かなりすっきりしましたが、ま

だ仕事がしやすい状態とはいえない。数字の並びがランダムだからです。そこで「整理整頓」したものが図3で、数字を小さい順から並べてみました。図1と3とを見比べてください。どちらが仕事がしやすい環境かは一目瞭然、感覚的に判断できると思います。

会社は、放っておけばすぐにものが溜まり、乱雑になります。つまりは図1のようになる。それゆえに環境整備は、毎日行なわなくてはなりません。

図1

7	け	12	う	A	3
あ	F	4	G	13	さ
10	か	E	6	お	I
B	2	え	K	H	9
く	D	い	11	5	こ
1	J	8	C	き	14

図2

7	2	12	6	13	3
10		4	11	5	9
1		8			14

図3

1	6	11
2	7	12
3	8	13
4	9	14
5	10	

第二章

意思疎通を良くする言葉

【幹部】——社長の方針をだれよりも早く確実に実行する人

会社は努力次第で大きく発展することもあれば、簡単につぶれることもある。会社がつぶれる最大の原因は、幹部の甘さにある。幹部が甘いのは、会社の自殺に等しい。なぜ甘くなるのか。新人のときはなにごとも未知へのチャレンジであるから、緊張して謙虚に努力する。ベテランになると、自分のことが、たまたまうまくゆく。やれやれ、これでいけると思う。固定観念に固まる、偉くなる、勉強を怠る。すぐに時代は去り、とり残される。甘くならないためには、「お客様の方向を向いて仕事をする」こと、「同業他社とマーケットにいる」ことを忘れないことです。

私は、わが社の社員に向かって冗談半分で言います。「私の方針を1日で実行したら、次の日から役員だよ」と。冗談半分は、逆に言えば半分は本気で、私はいつも、ああ、私の方針を即座に実行してくれる社員ばかりだったらどんなにいいだろう、と思っています。

会社は、社長の方針を実行して成果を上げるところです。組織での職責が高くなるほど、社長の方針を迅速《じんそく》に、かつ忠実・確実に実行できなくてはいけません。目安は、役員なら即日〜1週間以内、部課長なら1週間〜1カ月以内。これができなければ更迭《こうてつ》対象にリストアップします。**社長の方針を守らない・実行しない社員が上の立場にいることは、組織**

にとっては百害あって一利なしです。

と、このようにわざわざ書くのは、実は多くの会社で逆のことが、すなわち職責が高くなるほど社長の方針が実行されにくくなっているケースがあちこちで見られるからです。これは、一般に職責上位者は、過去に手柄を立ててその地位にいるからでしょう。その成功体験が自信となって、ややもすれば「俺は社長以上だ」などと自惚《うぬぼ》れる。そして社長の方針を軽んじるようになる。これがすなわち幹部の「甘さ」ですが、この甘さを放置した社長のために倒産に至った会社は数え切れません。

幹部から甘さを取り除くにはどうしたらいいでしょうか。「お客様の方向を向いて仕事をさせる」ことです。つまりわが社のような営業主体の会社なら、定期的に営業の最前線に向かわせ、お客様がお困りのことを訊《き》き出し、解決方法をご提案・ご提供することです。つまりは**入社当時の初心を忘れさせるな**です。

また、常に自分の過去の数字と現在の数字とを比較させることも有効です。減っていたら、それは「ライバルにシェアを食われた」ことに他になりませんから、その手腕が問われることになる。**数字によって、見たくない現実を直視させる**。それが「同業他社とマーケットにいる」のを意識させることになります。

【転記】——教育目的で使うべきもの。実務の現場からはなくしていく

ミスの原因です。学習の方法としてはよいが、実務としては不的確です。

わが社の社員は、入社したら必ず経営計画書を全文転記する決まりになっています。これは新卒社員・中途採用社員を問わない。とにかく入社したら一定期間内に全員、転記したものを提出しなくてはいけない。

経営計画書は各種方針が細かく書き込まれており、文字数は多い。全文転記はかなりの負担がかかる作業です。過去、一番早く提出した社員で3日ですが、大部分は期限ぎりぎりの1カ月はかかる。つまりその間、仕事のパフォーマンスは相対的に落ちるが、だからといって止めるわけにはいかない。これは教育です。

余談ですが、日本で一番よく転記をする職業はなんだと思いますか? 僧侶です。お坊さんは、お経を転記=写経をしますね。あれはなんのために行なっているのか、言うまでもなく修行です。お経を覚え、また仏陀の教えを身体に染み込ませるためにしている。それは、転記という**肉体的な行ないが伴っているからできること**です。

経営計画書を転記するのもそれと同じです。集合型の研修で教えるのは無意味……、とまでは申しませんが、それ「だけ」では往々にして「理解できたつもり」で終わってしま

う。ところが一度でも転記させておくと、内容が自然と頭に入ります。経営計画書の文字面を目で追うだけ・耳で聞くだけではわからなかった（会社としての）価値観や哲学なども、ああそういうことであったのかと納得するようになる。**転記は、最高の学習法**です。

一方で、**実務においては転記は駄目**です。特に数字には注意が必要で、作業の工程で転記する作業が入ると必ず間違えます。

今でも少なからずあるでしょう。原始伝票から帳簿に記入し、さらにその帳簿を見ながらコンピュータにデータ入力……二度手間、三度手間をかけている中小企業のことです。「紙の原本を残しておかないと……」と言い訳する社長もいるのですが、はっきりいって無駄です。その「紙の原本」を見返すことは過去にありましたか。「紙の原本」が残っていたことによって助かったことは過去に一度もない。

届いた伝票から人がデータ入力するのと、届いたデータをそのままマッチングさせるのでは、後者のほうが圧倒的に間違いが少ない。それは、アナログ的な紙のデータが残ることのメリットをはるかに上回ります。であれば業務においてはそうするべきです。

わが社では、生データは生データのまま使用する社内システムを構築してきました。私は「インプットはデジタルで、途中の作業はアナログで、アウトプットはデジタルで、が正しい」と指導しています。

【チェック（1）】

――「チェックを受ける」と思わなければ人は仕事をしない

チェックとは確認をして印をつけることです。経営者はマクロにチェックしてマクロに対策をとり、管理職はミクロにチェックしてミクロに対策をとるという仕事のしかたをしなければなりません。部下はチェックされることにより、気がつかない部分の指摘を受ける。チェックがなければ進展がない。

あなたは部下に命じます。「この仕事をしなさい」。それは上司として当然の指示ですが、問題はあなたが、部下がその仕事を確かに終了したかのチェックをしないことです。身も蓋《ふた》もないことを書きますが、部下は、チェックがなければ仕事なんかしません。それは面倒なことだから。ということは「〇〇課長は必ずチェックする」と部下に思わせない限り、あなたの指示は常に軽《かろ》んじられ、仕事はいつまでも終わらないことになる。

組織にあって「長」の名がつく人は、なぜその立場が与えられているのか。部下を適切に管理して、社長の示した方針を迅速《じんそく》に、かつ正しく早く実行することを期待されているからです。あなたが**チェックをしないのは、社長の方針を軽んじることに等しく**、まともな社長ならそんな人をいつまでも長の立場につけておくことはしません。これはあなたにとっては好ましいことではないに違いないが、だれを責めるわけにもいきません。部下に楽をさせたあなたが悪い。

私は、これといって大きな取り柄もない経営者ですが、ひとつだけ優れていることは、ただひたすら、徹底的にチェックをする習慣を身につけていることだと思います。

私が管理職だったときは、部下に対しては複写式の発注書を書いて渡す形で指示を出していました。週末になると、きちんと終了したか、進捗状況はどうかを発注書の控えと照らし合わせてチェックし、できていれば褒《ほ》め、できていなければアドバイスをし、怠けていれば叱りました。以来、チェックはわが社の文化として定着しています。社員は常に「今自分がやっていることは、必ずチェックを受ける」という気持ちで仕事をしている。

「チェックする」は、ややもすれば信頼関係や人間関係に影響があると言われるが、**仕事では性善説を採るべきではありません**。

先に「発注書」と述べましたが、チェックをするさいには必ず、なにを指示したかのチェックリストをつくっておくことが大切です。さもないとチェックは気ままなものになり、部下の不平不満がたまります。チェックリストは最初から立派なものでなくて良いです。まずは「チェックリストがある」ことが大切であって、後は使いながら少しずつ改善・改訂していけばいい。

【チェック（二）】——必ずリストをつくる。そうしないとチェックの効果半減

現場に行って手と足と他人に聞き、リストを見ながらチェックをする。

「部下を管理する」とは「部下の仕事をチェックする」と同義です。与えた仕事を指示したとおりに、要求したとおりの水準で、指示した予定とおりに実行しているか。こうしたことを順を追ってチェックし、うまくいってなければ助言を与え、手も貸してやる。終了していればもちろん褒《ほ》める。管理職の仕事は要するにこれに尽きると言ってもいい。

「これに尽きる」とは言うものの、実は多くの管理職はできていません。おざなりなチェックだけして「よきにはからえ」で済ませている。

えっ？　俺はちゃんと部下に確認してる、ですって？

馬鹿を言っちゃいけません。上司に「あの件、どうなってる？」と訊《き》かれたら、部下はなにも手をつけていなくても「やってます」「順調です」と答えるに決まってるじゃありませんか。管理職がやるべきは、部下の言葉に安心することではなく、**本当に「やって」いるのか、本当に「順調」なのかをきちんと現場で確かめること**です。上っ面《つら》を眺めて安心するのではなく、裏にされている書類があればひっくり返してみたり、彼の同僚はもちろん、お客様にもヒアリングしてみたり——、これが「手と足と他人に聞き」です。

では「リストを見ながらチェックをする」とはどういうことでしょうか。

読んで字のごとくです。チェックリストをつくって、そのリストに基づいて部下の仕事をチェックする――、と、わざわざこう書くのは、チェックリストをつくる管理職は本当に少ないです。面倒だとか忙しいとか言い訳はあるが、リストのあるなしでチェックのレベルは大きく違ってきます。むろんリストがあるほうがレベルは高くなる。

頭の中だけでチェックをするとどうなるか。リストがないと無駄な動きも増えて、チェックに要する時間が余計にかかります。また人は「忘れる」動物ですから、漏れやヌケが必ず発生します。漏れたものなら後から再チェックすればいいと思われるかもしれませんが、それをすると部下の不満が溜まります。彼にしてみれば「なんだよ、さっきは問題なしだったくせに」と思うのは当然です。

チェックリストがないと管理職の勝手気ままなチェックになることが避けられず、これも部下から反発される。「勝手気ままなチェック」には往々にして「個人的な好き嫌い」が反映される。仕事をしっかりとチェックができないのは、**いつチェックをするかのスケジュールがないからです**。私はチェックをする日をルーティン化しています。進捗会議等は6回先までのスケジュールを決めて、会議の前にスケジュールのチェックと新しいスケジュールを追加します。そして自分でないとできない仕事は自分で行うが、部下ができる仕事はお願いして私はチェックをします。

【頑張る】——短期スパンでの目標（計画）を立てておくと頑張りが無駄にならない

目から汗を出して仕事をする。そして体からも汗を出す。結果を出して、目から汗を出して喜ぶ。

学生と社会人の違いはいったいなんだと思いますか？

責任が大きくなるとか、信用が重くなるとか、指摘できることは様々にありますが、はっきりと言うならこうでしょう。**「結果がシビアに問われるようになる」**。

学生時代は、「プロセス」も考慮の対象でした。彼はあれだけ頑張った。真剣に取り組んでいた。そういうことも加味して最終的な評価が決まった。ところが社会人は違います。プロセスはどうでもいい。評価されるのは「結果」のみです。汗みどろになってあちこち駆けずり回って、それで1万円を売り上げるのがやっとの人よりは、涼しい顔をして、適当に仕事の手を抜いたりしながらも10万円売った人のほうがはるかに高く評価される。世の中は、結果を出した人が正しい。

「あいつは真面目にやってないじゃないか」「さぼってるのを知ってるぞ」と指摘しても無駄です。「きみも不真面目に、さぼりながら仕事してもいいんだよ？　10万円売ってくるのなら」と返されるのが落ちです。社会で「頑張る」が意味するものはおのずとひとつ。

「結果を出すこと」です。

あなたも社会人なら、上司から「もっと頑張れ」と気合を入れられたことも1度ならずあるでしょう。それは「真面目にやれ」「真剣に取り組め」と言われているのではありません。**「もっと結果を出せ」と言われている。**「結果」ってなんですか？　一言、数字です。わかりやすく言えば、売上、利益、獲得契約件数など。バックヤード業務で働いている人なら、経費の削減額や架電件数、処理したタスクの量など。こうしたものを増大させていくことが「結果を出す」です。ここは絶対に間違えないでください。

「頑張る」ためにはコツがあります。短いスパンで目標をあらかじめ立てておくことです。あなたの仕事が営業なら、前日に「明日は5件のお客様訪問をしよう」と決める。こうしておけば、どういう順番で、どういう時間配分で訪問すればいいかがわかる。つまり、計画が立てられる。計画がなければだらだらとお客様訪問することになり、いたずらに時間を無駄に使い疲れ果てていくだけです。

もちろん、計画通りにいかないこともある。その場合は「なにを止めたらいいか」と考える。昼食時間を半分にしようとか、このお客様は明日にしようとか。これも、目標と計画があればできることです。このように考え、行動していくと、あなたは一人前の職業人として成長していきます。

【絶対評価】——業績に重責を負っている本部長は絶対評価で、一般社員は相対評価で

甘い上司は全員「オールA」の評価になる。全社的に見ると、中の上程度に評価が集まり、ダンゴ状態になる。会社の業績が悪くてもS、Aが多くなる。

絶対評価と相対評価、それぞれに一長一短がありますが、どちらで評価するにしても社員が不満をもつことには変わりません。絶対評価ならAを取れたものが相対評価をされたためBになりとか、逆に相対評価ならAのはずが絶対評価のためにCになり、といったことは必ず起こりえるからです。

そこでわが社は、**職位に応じて絶対評価と相対評価とを使い分けることで、社員の不満を減らす**ように図っています。具体的には「本部長以上の職責の人は絶対評価」「部長以下は相対評価」と定めている。

本部長クラスの経営幹部は、会社の、また自らが率いる部門の業績に対してシビアな責任を負います。去年と比較して業績が落ちていたら、C評価、D評価にせざるを得ない。ところがここに相対評価を持ち込むと、業績を落としているにもかかわらずS、A評価を取る本部長が出てしまう。

A評価なら、賞与や昇給で報いなくてはなりません。えっ、会社の業績は落ちているの

に？　そう、だから経営幹部を相対評価するのはおかしなことです。わが社で本部長以上の職責にある人の絶対評価の軸は、「前年の自分が上げた業績」です。これは「絶対に」超えてもらう。すなわち彼らには、過去の自分と競わせている。同じ職責の同僚と競わせたら、それは「相対評価」になります。

一方で、部長以下の社員、とりわけ一般社員は会社の業績に対してそこまで重大な責を負わせてはいない。そういう立場の社員を絶対評価するとどうなるか。社員の不満が増大する。A評価ラインを100点とすると、120点を取ったXさんも101点だったYさんも同じ評価になってしまうから。Xさんにしてみれば「Yと同じ評価だなんて、やってられるか」でしょうし、となれば「今後はもっと仕事の手を抜こう」と考えて当然でしょう。それは社長としては大いに困ります。

大切なのは、こういうことを——、すなわち経営幹部は絶対評価で、そうでない社員は相対評価にする意図を、何回も繰り返し社員教育しておくことです。

評価は給与・賞与の額・昇給・昇格にも直結するもので、つまりは一番不満がたまりやすいポイントです。どうしてそう評価をするのか。なぜその評価になるのか。ここをしっかり評価面談でアナウンスすれば、社員は（全員が満足はしないまでも）少なくとも納得はでき、納得ができればモチベーションを保って仕事もできます。

【理念】——企業活動の根幹。施策や方針がブレなく決定するために必要になるもの

コロコロ変えてはいけないものです。変わらなくてはいけないのは戦略・戦術です。

武蔵野には、朝礼時に全員でひたすら斉唱する『七精神』があります。政策勉強会などでご覧になったかたも少なくないと思いますが、「一、脱皮の精神」「二、メイアイヘルプユーの精神」……、と各部署で額に入れて掲示しています。

『七精神』は、創業者の藤本寅雄が、当時フランチャイジーとして加入したばかりのダスキンの経営理念に影響を受けて制定したもの。なにしろ創業者の作成したものだから、だれも疑問を持たず、昔から変わらず唱和し続けています。

もうひとつ、『経営理念』もあります。これは私が、著名なコンサルタントである故・一倉定先生の著作『経営計画書実例集』を、3カ所だけアレンジして理念としたもの。「とりあえずこれでいいや」「そのうちわが社にふさわしいものに改定しよう」と考えていたが、特に支障もなかったので、これも変えることなく半世紀が経過してしまいました。

半世紀も前に制定された精神・理念をいまだに唱和しているのはなんたる時代錯誤か、と思われるかもしれません。しかし**精神とか理念の類《たぐい》は、あえて変える必要がなければ変えなくてもいい**。なぜならば、精神や理念に込められているのは、普遍的な価値だからで

す。

わが社の『経営理念』は、「社会に奉仕する」の一節があります。今後どれほど世の中が移り変わろうと、企業活動を通じて世の中に貢献することが価値を減ずるとは考えにくい。この節《せつ》はこのままでいい。ただし、市場は分・秒の単位で変化するから、戦略・戦術はそれに合わせて変え続けなくては理念は実現できない。

法律や条例は常に憲法に照らされ、その理念に反していないかどうかが慎重に精査されます。企業理念や精神もそれと同じです。ここが絶対的な価値として存在していないと施策や方針がぶれてしまう。あなたが若い社会人なら「どうして社長は、こんな他愛もない道徳訓みたいな理念に固執するんだろう」と思っているかもしれません。理由は単純で、実はそれこそが企業活動の根幹だからです。

私は、理念や精神を絶対変えないと決めているわけではありません。状況に応じて変えたっていい。現に、幹部社員を交えて毎年新しく理念を制定し、それで業績を伸ばしている会社もあります。それでも、理念や精神に込められている創業者や社長の思いを承知しておくのは役に立つことです。

【分業】——それはプロフェッショナルであることを要求する

各人のやる仕事の種類が異なって、その各人が完全に自分の仕事をこなせば、全体として成果が上がる仕組み。これをチームワークという。チームワークはただ単に、仲よく仕事をするということではなく、全員がスペシャリストになって初めて実現するものです。

「分業」の言葉くらい誤解されやすいものもそうはないと思います。

仕事ができない人が「分業」と聞くと、皆で仲良く仕事を分担して、和やかな雰囲気でこなしていく……、と連想しがちですが、違います。**分業とは自分の仕事をきちんとやる**、これに尽きる。Aさんはこの仕事、Bさんはこの業務、Cさんはこのミッションと、決められた仕事を決められたとおりにやることです。

自分の仕事が終わらないのに、他人の仕事を手伝ってあげる人がいます。一言「最低」です。**他人の心配をしてはいけません**、自分の心配をしなさい。各自が自分の仕事をきちんとやればそれでいいです。他人の心配をするのなら、大前提として自分の仕事がきちんとできてからです。

仕事ができない人ほど「あの人があれをしたから」「しなかったから」と、他人のことをとやかく言いたがります。そんなことを耳にしたら、私はいつも叱ります。「他人のことはどうでもいいから、まずは君がきちんとやりなさい」と。

つまり、この仕事を分業でやると言われたら、それは「あなたの担当分は、あなたの責任できちんと仕上げてね」ということです。その意味で分業は、人にプロフェッショナルであることを要求する、厳しいものでもある。「和やかな雰囲気で」なんて印象の入る余地は少ない。

分業をして、各自それぞれの持ち場で一所懸命やったけれどうまくできなかったり、やりにくかったりしたらどうするか。

アセスメント（評価）をする。あれはどうだった、これはどうだったと話し合って、次はうまくできるようにやりかたを変えていけばいい。わが社の各種アセスメントが定期的に開催されている理由はそれです。職責が上の人も下の人も、A事業部のスタッフもB事業部のスタッフも、老若男女の別なく皆が一堂に介して話しあい、現実に即した仕組みに変えていくことが重要です。

「分業」とよく似ていて、かつまたよく誤解されがちな言葉に「チームワーク」があります。いい機会ですからはっきり書くと、**チームワークとはメンバーが仲良く仕事をすることではありません**。与えられた仕事を、自分のミッションを正しく行なう・やり遂げる、それがチームワークです。そのために分業します。

【こども会社見学会】

——父親の仕事を子どもに見せたい（妻にはもっと見せたい）

「会社の常識は家庭の非常識」な部分もある。家族に理解してもらうためには社長と現場を見せるのが一番です。成果の出る仕事をするためには家族の協力が必要です。

私が幼かったころはまだ社会もさほど労働集約が進んでおらず、個人商店も街中のいたるところにありました。クラスのAくんの家は八百屋さん。Bさんの家業は喫茶店。Cくんは農業。Dくんのお父さんは大工さん。あれは非常にいい学習機会だったと思う。働くとはなにか。家族を支えるとはどういうことか。それを子どもたちはごく身近なところで、お父さんお母さんの背中から学んでいたのです。

現代にあの学習機会を持ってもらおう。そういう思いで始めたのが「こども会社見学会」です。読んで字のごとくのイベントで、当日は、楽しいゲームをしたり、ダスキンモップを付け替えてもらったり、床や棚を拭いてもらったりもする。その「報酬」としてお菓子を詰め合わせた袋を渡すと、子どもたちはもう大喜びです。労働には対価があるのは社会の大原則で、そこを学んでもらえるのはまさに見学会の目的とするところです。

……と言いたいところなんですが、実は私の本当の狙いは子どもたちではなく、子どもたちを連れてくる保護者。すなわち社員の奥さんです。奥さんに、夫がわが社で、毎日どれだけ大変な思いで働いているのかを知ってもらいたい。社員がなんの心配もなく仕事に打ち込むためには、**家庭が安定していることが不可欠**です。そのためには、家庭をつかさどる奥さんにわが社のことを、夫の仕事を理解していただきたい。これが私の考えです。

武蔵野バックヤードツアーに来た**奥さんには、1万円の特別手当で夫婦で来ると2万円**を渡しています。つまり私はそれほど切実に、奥さんに社長の小山昇が生み出した武蔵野の社内見学・体感できる参加型の企業経営者様向けのセミナーに来てもらいたいと思っている。

こども会社見学会は、最初にビデオを見てもらいます。「さあ、みんなのおとうさんのおしごとをみてみよう！」。名目はあくまでも子ども相手のイベントで、ひらがなのテロップが出ます。が、本当に見てもらいたいのは当然そのお母さんです。だからビデオのプロローグとエピローグでは、「大人」ならそれと察せられる演出を施してある。それは、象徴的な感じで画面にインサートされる壁時計です。朝の六時を指す時計。ここには「お宅の夫はこんな朝早くから遅くまで一所懸命仕事をしている」という、わが社からのメッセージが込められている。

で、それを見た奥さんが、「ああ、夫はこんなに頑張ってるんだ」「今晩はお銚子の1本でもつけてあげようかしら」と思ってくれたら大変めでたいじゃないですか。

【社外研修】——その研修は、自社の価値観にそぐうものであるかどうかに慎重であれ

社長の許可なく参加させては駄目。勝手に参加する社員は数年で退職する。

ビジネスパーソン向けのセミナーや研修会、勉強会は世にたくさんあります。その中には受講料が非常に安いとか、無料のセミナーも珍しくなく、一般社員でも「行きやすい」ものも多々あります。

だからといって自分勝手に判断してセミナーに行くのは、わが社は固く禁じています。無料でも、必ず社長の許可を取ってもらいます。「勉強熱心で感心な人だ」なんて思いませんし、まして評価も絶対に与えません。

私が社外研修に神経質になるのは、**社員の価値観がズレてくる可能性が否定できない**が理由です。私は社員に対して、（ざっくり言えば）「左だ」と教えている。ところが「武蔵野の常識、世間の非常識」で、往々にしてセミナーは「右だ」と教えます。人間は、新しく頭に入ってきたことが優先されるから、彼はやがて「右」と考えるようになる。

これはとても困る。

なぜなら、これは口酸っぱくして述べているが、中小企業がライバルに勝ち抜くためには、心や価値観をひとつにして総力戦でぶつかるしかないから。みんなが左を向いて戦っ

ているときに、独り右を向いている社員がいたら戦力はそれだけ落ちるし、仲間の士気にも悪影響を与えます。**自分の判断で社外研修に行くことは、自社にとってはなんの貢献にもならず、足を引っ張るだけ**と肝に銘《めい》じてください。

勝手に参加する社員は数年で退職します。私は20年ほど前にわが社を辞めたT部長を思い出します。経営サポート事業部を立ち上げ、軌道に乗せるまでに非常に大きな功績があったが、優秀な人材にはありがちでとても勉強熱心だった。

特に経営サポート事業部の部長に就任してからは、「自分は会員企業様に専門的な知識・スキルを教えなくてはならない立場だ」という責任感もあったのでしょう、常にビジネス書を離さなかった。それで少しずつ価値観が合わなくなり、会員企業の社長に誘われてついには辞表を提出してきた。私がもう少し注意深くあれば、あの有能な人材を手放さずに済んだのに……、と、いまでも時々残念に思います。

私が最初に取り入れた社外研修はマネージメントゲームでした。当時、武蔵野の社員は出張がありません。私はこの研修を東京でなく、長野・新潟などの地方都市で体験をさせました。新幹線がない時代で寝台列車で出かけ旅行気分でした。一泊二日の研修が終わっても、社員と現地で一緒に懇親会を行い翌日帰りました。

ゲームを通じて、共通の認識、共通の理解は全く理解されませんでしたが、社員との距離は、一気に縮まりコミュニケーションは良くなりました。

【小山昇】 ――小山しかできないことはある。小山でなくとも会社は揺るがない

武蔵野の象徴です。先頭に立って一番汗をかいて働いています。だれも真似することができない唯一無二の存在です。

『仕事ができる人の心得』の改訂3版を出すとき、課長職以上の社員にこう指示しました。「新たに収録すべき単語を3つ考えて提出しなさい」。この【小山昇】はそれで出てきたキーワードです。まったくなんというか……、これといった単語が思いつかなくて、苦しまぎれに出したんじゃないか、と想像しますが、これもいい機会と思うので解説します。

リード文に「だれも真似することができない」とあります。なぜ真似できないか。それは、これまでにしてきた「体験」が、小山昇と（経営幹部を含む）社員とでは質・量ともに圧倒的に違うから。

これはもうしょうがない。いくら私だって、「会社を2つ、3つ経営する体験」とか「頼まれて社長になったはいいが、既存社員はほとんど暴走族とヤンキーだったので非常に驚いた体験」はさせようがないですから。

最近は、経営サポート事業部の社員もずいぶんと成長し、お客様に対して的確な助言などもできるようになりました。ですが、お客様訪問で社内をちょっと訪問しただけでその

組織の改善点を理解し、アドリブで「ここをこういうふうに直してください」と指導することはできない。それができるのは私・小山昇だけです。

この165センチの身体には膨大な「理不尽」「体験」が積み込まれている。こういうときにはどうしたらいい、どうすべきというケーススタディが大量に保存されている。この点において私と同じものを求めても得られない存在です。

ではこの私が、老いで仕事から完全引退したらどうなるのか。

私にしかできないこと――一目見ただけで経営上の諸問題を即座に指摘したりとか――、は当然できなくなります。過去、それに感心してご契約くださったお客様はたくさんいらっしゃいますが、私の無きあとはそういうパターンでの成約は難しくなるでしょう。ですが、できなくなるのは「その程度のこと」でしかない。それ以外のこと、つまり私でなくともできる仕事についてはしっかり後継者を育てています。さらにいえば、昨年のわが社の売上75億円のうち、私が直接関わっているのは5億円でしかない。7％以下です。もうはっきりと申しますが、売上の7％がなくなってもわが社の屋台骨は揺らぎません。しなやかで強い組織につくり変えている。私が引退しても会社は残るし雇用も守られる。武蔵野の社員の皆さん、安心して日々の仕事にひたすら突き進んでください。

【お客様情報の共有】

――共有する範囲は、原則として「部門内まで」でいい

部門ごとの会議で、意見や苦情を関係者が共有する仕組み。現場からのお客様の声・クレーム・問い合わせを店長会議・SMS・ツイッター・ボイスメールにて共有する。

どんなクレームが発生したか。どんなお問い合わせやご注文があったのか。お客様満足のために自社はどんな取り組みをし、どんな反応があったのか――。こうした情報を集め、共有することは業務改善に大きく貢献します。しかし、情報共有する範囲はきちんとわきまえておいてください。基本は「部門ごと」です。よほど重要なクレームでない限りは他部門にまで情報共有させる積極的な意味はありません。

なぜか。理由は単純、**社員は他部門のことなんか興味がない**からです。興味がないことを聞かされるだけでも苦痛なのに、さらに「情報共有」なんて言われたらどうですか。「しっかり記憶しておけ」と命令されるようなものでしょう。やってられるわけがない。

わが社は、各部門長が横断的に集まる会議はやっています。ですが、互いのことなど興味がないことはわかっているので、「Aさんの発言時間は1分30秒」「Bさんは1分」という具合にあらかじめ時間を決めて、会議時間は最小限になるようにしています。

よく「大切なことはみんなで共有しましょう」みたいな話がビジネス系の書籍や雑誌記

事に出ます。共有することは、もちろん大切です。でも、くれぐれも「みんな」の範囲を間違えないでください。ときに例外はあるとしても、**情報共有は基本的には関係者だけで実施していればいい**です。

　では関係者はどうするかというと、これは会議やミーティングはもとより、各種デジタルツールも駆使して積極的に情報を共有するべきです。わが社は、電話を自動的にテキストデータにするシステムを使用しています。

　情報を独り占めしたがる管理職がいます。いまの時代、情報とはすなわち「武器」ですから、他人に渡したくない気持ちはわかる。わかるのですが、やはり間違いだと言わざるを得ない。その情報は、会社の経費を使い、会社の看板を使って獲得した、組織の財産だからです。個人が独占することは許されません。

　共有する情報は、少なすぎるのはもちろん論外ですが、かといって多すぎてもいけない。覚えきれないからです。このあたりのバランスはなかなか微妙と思いますが、参考までにわが社は、組織のトップがボイスメールの受信数が月に１５００を超えると組織を分割します。それまで「○○課」だったものが「○○一課」「○○二課」になるイメージです。物差しを持っておかないと情報は肥大化していく一方ですから、気をつけてください。人間がアナログ的に管理できる数量は３５００だそうです。

【社内アセスメント】――A部門で上手くいってることはB・C部門にも共有させる

ボトムアップの仕組みです。現場の声から和談を行ない、自部門で成果の出ていること、他部門で結果の出ていることを計画表に落とし込んで次期の計画を立てる。

経営上の意思決定をするさい、よく「トップダウン」「ボトムアップ」の言葉が対で使われます。要は、社長が上から指示をおろして行なうか、下から意見を吸い上げて決断するか、ということですが、さあ、ここで問題。トップダウンとボトムアップ、いったいどちらが正しいと思いますか?

うーん、小山はいつも「お客様と直に接してるのは、現場にいる一般社員」とか言っているし、やはり「ボトムアップ」かな……。

いいえ、違います。答えは「ケース・バイ・ケース」です。

もう少し詳しく述べましょう。**社員教育が充分でないときは、トップダウンでことを進めるのが正しい**。なぜならば社員はまだまだ半人前。価値観も揃っておらず、てんでばらばらな方向を向いている。そんな未熟な人たちの言うことをいちいち「民主的に」聞いていたら、ことわざで言うところの「船頭多くして船、山に登る」になってしまう。

しかし**社員が育ってきたら、ボトムアップに移行が正しい**。社長の身はひとつである以上、できることに限界はある。そこそこ育った社員に現場は任せて、後から情報を吸い上げ、経営判断を下したほうがずっと効率的です。

武蔵野は2003年度までは、私・小山昇による超超超超トップダウンの会社でした。「2003年度まで」つまり、翌2004年度からボトムアップに移行した。このあたりで「どうにか社員が育ってきたな」「価値観も揃ってきたな」と実感できるようになった。

ボトムアップで吸い上げた「うまくいっていること」「成果の出ていること」は、当然ほかの部門にも共有・実行させたい。そのためには全部門を一堂に会し、それぞれにアセスメント（評価）をさせるしかありません。すると嫌でも目に入ってきます。「ほほう、東伏見支店のスタッフはこうやって業績を上げていたのか」と。

各部門がてんでばらばらで、集まる機会がなかったらどうか。「最近、東伏見支店の調子がいいらしい」程度の情報はなんとなく入ってはくるでしょう。しかしそれで国分寺支店のスタッフが東伏見支店に見学に行くかというと、絶対に行きません。そんなの面倒じゃないですか。面倒なことはしないのがまともな人です。

となればやはり、社の「行事」として全部門を集合させる機会をつくらなくてはいけない。それがすなわち【社内アセスメント】です。

【政策勉強会】――「良いものはそのまま真似る・盗む」の集大成がここに

全従業員が参加して、前半は各種表彰を行ない、後半は社長から半期の方針発表会を聞く場です。

わが社は対外的には「株式会社武蔵野」と名乗っていますが、**正式名称は「株式会社モノマネ展示場」という**。わが社の様々な仕組みや制度、取り組みはすべて、よその会社を真似てきたものです。本項の【政策勉強会】もそう。中小企業とは思えぬほど大げさな名称のイベントでしょう。これ、ダスキン本社が同じ名前で勉強会をやっていたのをそのまま真似たものです。

わが社が政策勉強会を始めた当初は、各種表彰は行なっていなかった。ダスキン本社もやっていませんでした。それをやるようになったのは、ダスキン八戸の取り組みを真似したから。同社の政策勉強会にお邪魔したら、壇上の社長が「○○さん。あなたは今期、大クレームを発生させてくれてありがとう。おかげで私は頭を下げることがすっかり得意になりました」などと、表彰する社員一人ひとりに個別のスピーチをしていた。会場は大受けです。それを見て私は**「これはいい、ぜひわが社でもやろう」**。わが社の政策勉強会が、勉強会とは違うイメージの会になっているのは、実はそういうわけなんです。

そんなこんなでわが社に、オリジナルのものなんて**ひとっっっつもありません**。あれも真似、これも真似。私は自著にサインを乞われると、よく「いつか、いつかと思うなら今」という一節を書き添えるのですが、これだってテレビ番組でどなたかが書いていらしたことを「あ、こりゃいい」と思って真似たものです。世間で小山オリジナルの格言のように思われているところもないではなく、これはちょっと申し訳ないとは思います。

こういうことは、私に**プライドがないからできる**。——いや、言い換えましょう。「オリジナルとか独創にこだわって業績を上げられないでいるなら、良いものはなんでも真似て数字を伸ばすほうがずっといい、と私は考えている」と。

私が見るに日本人は、真似をするのを恥と思う傾向があるように思う。芸術・学術方面ならそれでもいいかもしれませんが、ことビジネス面においてそれは決定的に間違っている。特に中小企業のビジネスは、基本的には「商品なりサービスなりを売ってお代をいただく」という単純なものであり、真の意味でオリジナルなもの、独創的なものは生まれようがない。

革新的なビジネスモデルで業績を上げるとは「世の中を変える」こと。それは中小企業にはいささか荷が重い。いや、もう不可能と断じてもいいでしょう。**中小企業は、世の変化に「ついていく」ことはできますが、変化を「起こす」ことはできないです**。

【努力文】――些細《ささい》なことで叱るくらいなら、ペナルティを課したほうが互いのため

ミスをしたときや日々の業務で努力が足りないときに書く文です。努力文4枚で反省文1枚、反省文2枚で始末書1枚にあたる。

かつて武蔵野には罰金制度がありました。会議に遅刻してきたら〇円とか、日報の提出を怠ったら〇円とか、細かく決まっていた。罰金制度の意図は、払いすぎてしまった給与や賞与を社員から取り戻すこと――ではなく、円滑なコミュニケーションを維持しようというものです。

社員が決められたことを守らなければ、当然叱らねばなりませんが、しかし**たかが1分2分の遅刻でガミガミ言うのも「どうか」という話**ではありませんか。遅刻した社員にも止むに止まれぬ事情があったかもしれないし、そうだとすれば叱られて気分を害するだろうし、場の空気は確実に悪くなるし、そもそも叱る私だってしんどい。だったら「あ、遅刻したね。はい罰金、毎度あり」であっさり済ませたほうがよほどいい。後にしこりも残らないし、場はむしろなごむし、なにより私も気楽です。

こうやって集めた罰金は、社員旅行時の余興として行なう現金争奪じゃんけん大会の原資となり、社員にきっちり還元されました。

「罰金制度がありました」「還元されました」と過去形なのは、現在ではもうやっていないから。社員から罰金を取ることが法律によって禁じられた。

その代わりとして始めたのがこの努力文です。些細なことで叱りたくはない。でももう罰金制度はない。罰金は取れないとしても、なんらかのペナルティは課さざるを得ない。では始末書を書かせるか……、というわけですが、わが社の始末書は、けっこう「重い」。半期にわずか2回書いただけで、その期の賞与は自動的に半額になりますから。そこで「もっとライトなものを」ということでできたのが努力文です。

努力文は罰金とは違い、ただ書くだけではペナルティにはなりません。そこで4枚書くと反省文1枚に、反省文2枚で始末書1枚にと「昇格」する仕組みにしている。つまり努力文を半期に16枚書くと「始末書2枚」になり、賞与が半減する仕組みです。

こういうことは、いくら教えてもわが社の社員は理解しない。強く叱られるわけでもなく当座の懐も痛まなくなったので、あまりシビアには捉《とら》えてくれない。だからこの制度を導入した初年度には、実に20枚もの反省文を書いた強者《つわもの》がいました。これは始末書2枚（以上）に相当するので、彼のその期の賞与は当然、半額です。それで皆ようやく「甘く見ていたらまずい」と気づいた。努力文・反省文・始末書は上期（5月1日～10月31日）下期が終了すると時効になり胸を撫で下ろす人が多いです。

【爆弾】

――社員宅に感謝やアドバイスを記した葉書を送る。本人のやる気が破裂する

社長から頂く葉書で、１００％破裂する。世界で一番軽くて薄い爆弾です。家族の会話を増やす効果がある。結果を出すと励ましの葉書が届く。

もう30年近くも前でしょうか。ダスキン事業部にごく控えめな社員Aがいました。成績は「中の下」くらい。大きな失敗もないけれど目覚ましい活躍もない。私が奮起《ふんき》を促《うなが》しても曖昧《あいまい》な返事ばかりで、手ごたえがない。Aはこのまま大きく出世することもなく、第一線で活躍することなく定年を迎えるんだろうなあと、私は諦《あきら》め半分で思っていたのです。

ところがあるとき、Aは突然「目ざめ」ました。がんがん売り上げてくるわ、次々に新規のお客様を獲得してくるわ、部下の面倒はよく見るようになるわ、とうとうその年の優秀社員賞まで獲得して、ついに昇進まで果たした。

いったいAになにがあったのだろう。なにがAを奮起させたのだろう。そう思って調べてみると、まさに「爆弾」が破裂したからでした。

あるとき、Aは私に頼まれて、ちょっとした軽作業をやった。私はそれで、サンクスカードに感謝の言葉を書いて葉書に貼り、Aの自宅へと送った。……と、ここまでは、わが社ではよくある「いつもの風景」です。ところがその葉書を最初に受け取ったのは、当時

小学生のAの息子さんだった。葉書で、書いてある言葉は簡単に読める。息子さんは言いました。「お父さん、社長さんから褒《ほ》められるなんてすごいね」。これでAの心に火がついたのです。

以降私は、**「家庭が充実していなければ仕事に身が入るはずがない」**と思いを強くするようになりました。「家庭第一。会社は第二、第三でいい」と、これはもうはっきり社員に言っています。また、社員が高モチベーションで仕事を続けるためには、家族の理解やサポートが絶対に必要であることも学びました。以来私は、以前にも増して熱心かつ頻繁に社員の自宅に爆弾を、すなわち葉書を送るようになった。

「爆弾」を送るときのコツは、「褒め8割・アドバイス2割」。説教したり、罵倒《ばとう》したりはいけません。だってそれは家族に見てもらうんだから。「ああ、お父さん家族のために頑張ってくれてるんだ」と思ってもらうためです。

葉書は、社長の「思いを伝えたい」から、本文はもとより宛名まで手書きです。これ、けっこう大変ですよ。ですので、日曜日の空き時間にまとめて宛名を前書きしておき、時間に余裕のあるときに書き足して送る省力化を実践しています。毎年、社員の誕生日・奥さんの誕生日に葉書を送っています。以前は結婚記念日も送ったが、社員数が増え止めました。

【チーム活動】
——社員同士の交流が全方向的に拡がる。組織が強くなる

縦の組織事業部では補えないことを横串のチーム活動で補う。一連の活動は社員の自主参加による「8つのチーム活動」を中心に広く全社に展開され、社員一人ひとりの成長を促《うなが》す仕組みとして機能している。事業部は縦糸、チーム活動は横糸。縦糸と横糸があれば織維と同じで会社が強くなる。

わが社に見学にいらっしゃるかたから、しばしばこんなご質問をいただきます。「どうして武蔵野の社員はこんなに仲が良いのですか?」。人間関係の善し悪しは、従業員満足に大きく影響します。そして従業員満足が高ければ高いほど、組織は堅牢《けんろう》なものになっていく。ご質問なさるかたは、**社員同士の仲の良さこそ武蔵野の「強さ」の秘密のひとつ**に違いないと考えて、そうお訊《き》きになるわけです。

さて、この「仲良さそうなのはなぜか」という質問に対する私の答えは、いつも決まっています。「チーム活動に力を入れているから」です。わが社には現在、「交通安全チーム」「地域貢献チーム」など、目的別に8つのチームがあり、部門横断的にメンバーを募って活動しています。様々な部門から、これまた年齢も職責も様々な社員が集まって目的の遂行に力を合わせる。これにより社員同士の交流が上下左右に、全方向的に拡がります。部

門の業務ではできなかった体験をすることにより、社員、特に若手社員の成長も促《うなが》せる。武蔵野の強さの理由（のひとつ）は、確かにチーム活動にあるといっていい。

チーム活動を実施するにあたっては、注意しておくべき事項もあります。

わが社は、新卒社員と中途入社1年目の社員はチーム活動には参加させません。理由は、言うまでもなく、新人のうちは「本業」に精を出し、一刻も早く仕事を覚え、業務に慣れてもらいたいから。つまりチーム活動を行なう上で大切なのは、参加していい人・いけない人をきちんと見極めることと、目的を達したら新しくすることです。

新人の域を脱したからといって、考えなくチーム活動に参加させてもいけません。一口に「チーム活動」といっても、困難なミッションに取り組んでいるチームもあれば、だれでもできるようなことをやっているチームもある。昨日までの**新人を配するべきは、当然「だれでもできるようなことをやっているチーム」です**。いきなり高度なことをやっているチームに入れては、挫折するだけです。

チーム活動には「人材をシャッフルする」目的もあります。人は、居心地のいいところからは動きたがらないものですから、あらかじめ任期を定めておくといいでしょう。武蔵野では「ひとつのチームに在籍していいのは2年まで」と明文化しています。ルールがあれば社員も「駄々をこねてもしかたがない」と納得するので揉《も》めることもありません。

第三章

ミスを防ぐ言葉

【アマチュア】——どんなに上手にできても、アマチュアのままではお金はもらえない

自分の仕事に責任を感じない人のことです。同じ失敗を繰り返しても、ヘラヘラと笑っていられる人のことです。

同じ失敗を繰り返しても平気でいられる人は、仕事ができません。成績を上げることもできません。本来なら恥ずかしくてうなだれるのにヘラヘラしていられるのは、大丈夫なのがかっこいいと強がっているからでしょう。**本当にかっこよくあるためには、かっこ悪いことをたくさんして**汗をかき涙を流しして、「体験」を蓄えていく以外にないのに。

いまは引退しましたが、イチロー選手は日米野球の大スターです。彼がかっこいいのは、今日の試合のバッティングが（あるいは守備が）納得いかないと、試合後に泥臭く練習をしていたからです。

試合後の練習なんて、まあスマートなこととは言えません。大リーグのスター選手なら、そのまま運転手つきの高級セダンで会員制クラブに乗りつけて豪遊してもおかしくはないでしょう。ですがイチローはそれを許さない。彼が自分の仕事に責任を持ち、常に仕事の質を追求しているからです。

これがプロフェッショナルです。

無料お試し
シリーズ
銀行交渉

無料お試しシリーズ

小山昇の銀行交渉術が学べる

無料お試し映像セット
データでプレゼント

お申込みはカンタン！
詳しくはこちらから ▶

・小山昇の実践！銀行交渉術お試し映像…（約 12 分）

- 形があるものであれば本店の審査は問題ない
- 「お金を貸してくれる」は信用してはいけない?!
- 借りたお金はそのままにしてはいけない
- ライバル銀行への対応方法
- 金融機関は甘くない
- 飛び込み営業が来るのは評価されているから

＋

・「武蔵野流」銀行交渉ノウハウリーフレット

- 「武蔵野流」銀行交渉3つのポイント
- 金融機関の信用を勝ち取る3つの道具
- 武蔵野流銀行交渉を導入したお客様の声

あなたもイチローになりなさい、とは私は言わない。あそこまでストイックな努力は、イチローにしかできない境地です。ですが、イチローは無理としても、その期に抜きん出た成績を出した人とか、昇進した人がやっていた努力ならできます。そういう身近な人を目標に持たなければなりません。そうでなければ頑張れません。

アマチュアとプロの違いはなんでしょうか。ゴルフでアマチュアが偶然の運でプロよりいいスコアを出すことは、ままある。しかし彼を「プロ」とは誰も呼びません。アマチュアは、どこまで行ってもアマチュアです。よく言われることですが、**やったことが他人から評価され、お金が入ってきて初めて「プロ」**です。お金が入らないで、お客様や観客から評価されるのは「アマチュア」、または「道楽」と言います。

同じことをやっても、道楽に終わるか、プロフェッショナルになるか。どんなに上手でも、お金がもらえないのはアマチュアです。仕事で**お客様にお金をいただくには、プロフェッショナルでなければいけません**。自分に磨きをかけ、お客様から高い評価をいただかなければなりません。同じ台本でも、大根役者と毎日が初演の千両役者の演技が違うように。失敗するたびに学習し、成長し続ける人がプロフェッショナルになります。

【前兆】——「細部」を追うことで見えてくる。最善の「次の一手」が打てる

いままで売れていたものがパッタリと売れなくなる時期がある。そんな時は、単位当たりの利益が、売上の落ちるかなり前から下がり始めている。

簡単な数字で説明しましょう。100円で売られ始めた商品があります。当初の期待ほどは売れずにいると、または売れなくなってくると、すぐに半値の50円になります。それでも売れ行きが回復しないと八掛けになり、40円で売られるようになります（50円×0・8）。それでも売れなければさらに八掛けで32円。だいたいこれくらいで下げ止まります。

こうしたことは、**売上（PQ）だけを見ていてはなかなか感知できません。**1個当たりの売値」がどうなっているかを、個数（Q）と単価（P）との両方を見なければいけない。

わが社はダスキンの代理店で、商品やサービスの値付けについては裁量を発揮することはできませんが、製造業の立場から考えてみましょう。

普通の社長は、原価積み上げ方式で値付けをします。原価がこれこれ。減価償却費がこれこれ。人件費や販管費がこれこれ……、で「100円」と。しかし上記を踏まえれば、このやりかたは間違いです。だって、最悪32円まで下がる可能性があるから。

ということは？　そうです。32円＋原価上積みで計算をして発売価格を決定しなければ

ならない。**製造原価を積み上げて売値を決めてはいけません**。商品がどのように売れなくなっていくかを理解し、100円だったものが32円に下がってもなお利益が出ている価格設定にしておかなければ会社の経営は危うくなります。

価格決定のさいは、お客様の満足度をも配慮しなくてはなりません。つまり32円から逆算して設定した売値でも、「これはいいもので、しかも安い」と、あるいは「品質はそこそこだけど、この値段なら文句はないや」とお客様に思っていただける線を突いた価格設定にしなければならない。このふたつの方法で売値を決めれば、値段が下がり始めても心配はありません。価格設定は、かくも重要です。

多くの会社では、会計方式に財務会計を採用しています。大局を把握《はあく》するのに優れているからです。しかし「大局を把握するのに優れている」は、裏返せば細かい実態はよくわからなくなることに他ならず、私が思うにこれは財務会計の一番の問題点です。

わが社が行なっている管理会計は、まず「数」を見る。数が上がっているか、下がっているか。販売単価は上がっているか、下がっているか。このように**物事は細分化して見なければ【前兆】はつかめず、判断を誤ってしまう**。グロスで見ていてはわかりません。

【ダブルチェック】

――入念なチェックの目的はただひとつ、仕事の質を向上させるため

2人でチェックすると抜け漏れを防止できる。

チェックの大切さについては、本書でも繰り返し述べています。

わが社は、「仕事をさせたらさせっぱなし」はまずない。きちんと終了したかのチェックをします。またチェックも「チェックをしたらしっぱなし」にはせず、特に重要な事項についてはダブルチェック、すなわち2人で確認しています。理由は、リードにもあるとおり「抜け漏れを防止できる」から。

どんなに優秀な人でも、神ならぬ身なれば必ずチェックミスは起こります。また、どれほど慎重な人でも「癖《くせ》」みたいなものは必ず出ますから、Aという事項については入念に確認できてもBは苦手、なんてこともよくある。こうしたリスクを減らすためには、ダブルチェックをするしかありません。

業務において「チェック」は、ややもすれば「粗《あら》探しをする」「難癖《なんくせ》をつける」と同義になりがちですが（風通しの悪い組織ではなおさらそうでしょう）、無論のこと**チェックは人間関係をこじらせるために行なうのではありません**。チェックをする目的はただひとつ、「仕事の質を向上させるため」です。重要なポイントで仕事が進まないようだと察す

ればアドバイスを与え、遅れていると思えば手を貸す。仕事のクオリティやパフォーマンスを伸ばそうと思うなら、これを繰り返すのが一番です。

現に、わが社の環境整備は、チェックをしなかった部門・拠点は絶対に満点は取れません。当たり前でしょう。だれも、なにも教えてくれないですから。ところがダブルチェックをすると、120点満点中115点は取れるようになる。

じゃあ満点を取るにはどうしたら？　手っとり早いのは、チェックする人をもう1名増やしてトリプルチェックにすることです。視点が（文字通りの）三次元的になり、より繊《せん》細《さい》なチェックができるようになるからです。

ダブル以上のチェックをするにあたっては、**「チェックをする人」の資質を考慮することが望ましい**。論理的に確認するタイプのAさん、直感的に判断するタイプのBさん……、という具合に、一人ひとりの資質はなるべくばらけさせたほうがいい。

どうやってばらけさせたらいいか。

中小企業なら、職責上位者に見てもらうのが現実的です。理想は社長ですが、それが無理なら少しでも社歴の長いベテランにお願いしてください。人を見る目は経験によって養われるからです。わが社は『エマジェネティックス』〈EG〉という分析ツールによる社員各自の思考特性・行動特性を参考にして多角的なチェックができるよう配慮しています。

【ダブルチェック　トリプルチェック】

――複数のチェックに晒《さら》されることで成長する

同じ目で見ては間違える。完璧を目指すなら違う目でチェックする。

前項でダブルチェックを行なう重要性について述べました。ここではそれと関連することをお話しします。

わが社のセミナーには、全国から中小企業経営者の皆さんが集まります。注意深く見ているうちに、赤字になる社長と黒字になる社長との間には、明確な違いがひとつあることに気づきました。

それは、来年度の事業計画を作成しているとき。セミナー会場では私のほか複数名の講師が見ていて、聞かれるまま助言や教授をします。赤字の社長は、なじみになった講師にのみ質問する。そのほうが気安く、なにかと楽だから。一方で黒字の社長は、講師の手が空いたと見ればだれかれ構わず質問します。

「ここで発生が見込まれる資金需要にはどう対応したらいいだろうか」「この新規事業にはどのような人材を充《あ》てるべきだろうか」……。そういう社長は同じ質問を別の講師にぶつけ、あからさまに比較して「A講師はあなたとは逆のことを説明していましたが？」とわからないことを、わかるまで聞いています。

それは、正しい姿勢です。わが社のセミナーの講師は皆、中小企業経営に関しては一定以上の知見を備えたオーソリティですが、それでも「A講師は長期事業計画書作成のノウハウが豊富」とか「B講師は業績（数字）で苦労して、それを乗り越えてきた」といった具合に、それぞれ得意分野があるのは事実です。

チェックをする目的のひとつは、もうお察ししていると思いますが、仕事の質を向上させるためです。講師に説明を乞うのはチェックを求めることに他なりませんから、複数の講師に同じ質問をぶつけるのは、まさにダブルチェック・トリプルチェックと言えます。そうすることで自社の事業計画は完璧に近づいていきます。「黒字にできる社長」は、ダブルチェック・トリプルチェックの**当然の結果として「黒字にしている」**のです。

以上のことからなにが言えるでしょうか。

気心の知れた旧来の仲間とわいわいやっているのは楽しい。ですが、そういうぬるま湯に浸かって良い気分でいると、自身の成長は止まる（あるいは著しく遅くなる）。同窓会だとか、学生時代の友人との飲み会ならそれでも構いませんが、こと仕事の場にあって新しい人・新しい視点・新しい知見に触れるのを面倒くさいと遠ざけるのは「私は成長したくありません」と宣言するに等しい。当然ながら、そういう社長には今後の業績も発展の芽はありません。

【ぬるい】――「温厚」と受け止められることも多いが、結局はだれも幸福にしない

部下のチェックをしない。

下巻の86ページ【検証】で、「部下になにかを命じたら、きちんと実行したかどうかを確認しなさい」という内容の記述をしています。部下は「はい」と返事はするが、そう返事したことと、命じられたことを完遂することはまったく別の話だ――、と。本項ではこれを別の切り口から改めて述べることにします。

部下は別に、悪意があって完遂しないわけでは必ずしもありません。ついうっかり忘れていることはあるし、あるいは困難にぶつかってしまったために作業が止まっていることもある。だから上司に相談したいとは思っているけど、あなたがなんとなく話しかけづらい雰囲気を出していた可能性もゼロではないでしょう。

私は「人間は信用してもいい。しかし仕事は信用するな」と言います。**人間的に好ましい人でも、その仕事ぶりまで好ましいとは限らない**、という意味です。だから一たび命じたことは、そのたびごとに確認しなくてはならない。部下がきちんとやっているかどうかをチェックしない指示は、指示していないのと同じことです。しかし、このことを理解していない管理職はとても多い。

チェックの甘さは、ややもすれば「温厚」と受け止められることも多く、だから「ぬるい」管理職は部下からの高い人気を集めたりもする。しかしそのぬるさは、結局はだれも幸せにできないから、あなたは是非とも気をつけてください。

「ぬるい」管理職が率いる部門はどんな感じか。例外なく気が緩《ゆる》んでいますね。当然、生産性も低く、大した成果も上げられません。それは部下にとっては居心地はいいでしょうが、負荷を与えられていないので将来の成長も見込めない。これが第1の悲しみです。

指示が実行・完遂されなければ、それは当然のこと業績の悪化として数字で捉《とら》えられます。社長がそれを見逃すことは「絶対に」ありませんから、あなたの今後の進退にも大きくかかわってくる。これが第2の悲しみ。

第3の悲しみ。実はこれが一番深刻で、命じられたことが実行・完遂されないのが見過ごされると「上司の命令は無視していい」の方針になってしまう。それが全社的に拡がったときの弊害は、もはや説明するまでもないでしょう。

わが社は、環境整備点検などはその最たるものですが、「実行させる」ことよりもむしろ「実行したかどうか」をチェックすることに大きなエネルギーを使います。命令を無視することが常態化すると、会社の存続をも脅《おびや》かしかねないです。

命令は常に、チェックと表裏一体。よく覚えておいてください。

【マニュアル】——入社してきたばかりの新人でも合格点が出せるようにする

一人の体験をみんなで分かち合うことができる。立派なものをつくらない。最低基準が示してある。日常の繰り返し仕事を書く。（一）してはならないこと（二）しなければならないこと（三）仕事の順序――、を書く。

中小企業に、いわゆるスタープレイヤーは不要です。いや、不要というよりははっきりと「いてはいけない」。なぜならばそれは、経営を危うくする存在だからです。

スターがいれば、お客様からの受けは当然良くなるでしょう。売上だって大きく伸びるに違いありません。大谷翔平選手の活躍を見にスタジアムに観客が押し寄せるのと同じです。野球ならばそれでもいいのでしょうが、中小企業では困ります。なぜならば、一人のスタープレイヤーに依存する経営になってしまうから。

彼はやがて「俺がこの会社を支えているんだ」と思い上がり、上司や社長を軽んじるようになるでしょう。利益の大部分を彼が担《にな》っているのはだれもが認めるところで、社長も甘やかす。すると他の社員が不満を溜め、士気が落ちていく。そうこうしているうちにスターは、別の会社に高給で引き抜かれる。お客様もそちらについていき、あとはガタガタになった組織だけが残る……。これ、本当によくある話です。

こうした事態を避けるためには、業務を徹底的に標準化し、マニュアル化するのが一番です。100点、120点は取らなくていい。80点くらい、ぎりぎり合格点でいい。その代わり誰もが、入社したばかりの新人でも合格点が取れるマニュアルをつくる。それが中小企業経営をゆるぎないものにします。

既存の社員に「マニュアルをつくりなさい」と命じても決してつくりません。これは別に社員が悪いのではなく、仕事を覚えた社員にはもはやマニュアルは不要だから、なにを書き残したらいいのかわからない。そこで私がどうしたか。期末の評価課題のさいに「3行だけでいいからマニュアルを書いて提出しなさい」と命じた。社員にしてみれば、それをしなければ評価が下がり、賞与額や昇進・昇給にも影響が出るから、適当なことを書いて出します。私はそれを保管しておいて、次の評価課題のときに「悪いね、あともう2行書いて」と言って返す……。

そうやってむりやり寄せ集めたマニュアルが有用か、といえばもちろん「違います」。当初のマニュアルときたらそれはそれは使い物にならないものでした。しかし、取っ掛りはできたから、以降は日々少しずつ使いやすいものにすればいい。

わが社がずっと右肩上がりの成長を続けているのは、ひとつには業務の標準化と、熱心に業務マニュアルをつくっているからです。

【一情報一枚主義】――実行が済めば捨てる。使い回す。そのためにこれが必要

メモは一枚に情報をひとつにする。情報の環境整備です。付箋も一枚一データ。

どうして一枚のメモにはひとつの情報しか書いてはいけないかというと、「どれを実行したか」「どれが未着手か」が判らなくなるからです。メモは、後から「実行する」ために取るものでしょう。だから、やったこと・やっていないことが混ざって、わからなくなったら本末転倒です。

メモを取る上で一番大切なのは、「捨てる」ことです。私はメモを取ってから1カ月経ったら、実行できたか・できていないかにかかわらず全部捨てることにしています。先に「(メモは)実行するため」と述べたのとは矛盾するようですが、1カ月にわたり実行を先送りして問題がなかったから、それは「本当はやらないでもよかったこと」です。こういう「捨てる基準」を持っておくと情報はすっきりと整頓され、仕事もやりやすくなります。

「一情報一枚」にしないと駄目なもうひとつの理由は、情報の使い回しが難しくなることです。一枚の紙に「あれも、これも」とメモをする。うん、それは無駄がなくっていいですねえ……、って、よく考えてごらんなさい。1行目に仕事Aの伝達事項が記してあって、2行目は仕事Bの覚え書きだったら、と。それはもう、そのメモを書いた人「だけ」にし

か役立たないものになってしまう。単純な話、Xくんに仕事Aを、Yさんに仕事Bをやってもらいたいときはどうするのですか。メモ用紙をハサミで切って仕事A用・仕事B用と分ける？　まさか、そんな。

「情報の使い回し」でいうと、デジタルの世界で大きな変革が起こっています。過去、デジタルデータの入力とは「フォーマットに流し込む」とほぼ同義でした。数字なら表計算ソフトに、文書ならワープロソフトに、といった具合に。それは、そのフォーマットに沿って閲覧するぶんには問題ないが、多面的な分析をするにはいささか不都合がある。文書の中に含まれているデータを表計算ソフトにかけてソートしたり、あるいは逆に表計算データの中の項目をワープロソフトに書き出したりとかは、現在のビジネスの中では普通にあるものです。そういう状況では、フォーマットはむしろ大きな足かせになる。**情報はなるべく余計な「色」をつけず、プレーンかつフラットな状態で持っておき**、そして必要に応じて柔軟に引き出して加工できるようにしておくのが一番です。

ソフトウェアの急速な進化で、情報の扱いに関する常識が大きく変わりました。Googleスプレッドシートは一行一データで使いやすい。こうしたことに気づいているかいないかで、「次の一手」もまた変わってきます。

【急ぎ】――事前に準備をして、余裕を蓄えておかないと「急ぐ」ことはできない

時間に追われているときにはいつもの道、時間に余裕があるときには早道を行くのが鉄則です。

お客様訪問のさい、アポイントの時間に遅れてしまいそうだからと近道を行こうとする。それのなにが問題なのかと言われそうですが、そういうときに限って行き止まりや工事による通行規制などの憂《う》き目に遭《あ》ったりするものです。それは、トーストをうっかり床に落とすと、なぜか必ずバターを塗った面が床につくのと同じようなものかもしれません。ともかく、**急いでいるときは慣れ親しんだいつもの道で**。これが鉄則です。「急がば回れ」とはよく言ったものです。

新しい道を行ってみよう、かくして近道や抜け道かどうか確かめるのは、特に自動車での移動が多いわが社にあっては歓迎すべき態度ですが、それは時間の余裕があるときにのみやってほしい。うまく時間稼ぎができたら(もちろん失敗して道に迷ったとしても)後から必ず地図で、つまり俯瞰《ふかん》して確認すること。それで「新しい道を行ってみた」経験が血肉になります。

仕事ができない営業担当者は、地図を見ない。だから、いつも走る道にはたいてい、平

行して一方通行の道があることを知りません。

一方通行の道を走ることのできる人は有能です。なぜならばそこは、面倒を嫌うドライバーが避けがちになるので（基本的に）渋滞しないからです。

話は道路通行だけにとどまりません。日常業務でもそうです。仕事が押していて、このままでは締切に間に合いそうにない。だからといっていつもとは違うやりかたで仕上げようとすると、たいてい失敗します。なぜならば「いつもとは違うやりかた」とは往々にして初めてやること、すなわち経験のないことだからです。**経験のないことを一発で成功させられるのは、よほどのエリートか、よほどの幸運に恵まれたときだけです。**

同様に、業績が悪くなってから慌てて新規事業を立ち上げ、失地回復しようとしても駄目です。そういうことは会社の**リソースに余裕があるときにやらないと失敗します**。なぜならば新規事業は、まず好調なスタートを切ることができたとしても、予期せぬトラブルは常に発生するもので、その都度コストや人員を割《さ》く必要があるからです。

遊びもそうです。お金がないときにパチンコや競馬をやるとだいたい負けます。お金をたくさん持っているときにギャンブルをやると勝ちます。新規事業も利益が出ているときと、赤字のときでは結果は大きく変わります。それは、考える・発想する次元が余裕のあるなしによって大きく違ってくるからです。

【現場一〇〇回】

——経営やマネジメントのヒントは現場に埋まっている

新しい部署に来て一番にする仕事です。管理職は部下と同行して早く現場を知る。五〇回のときもある。

ダスキン事業部から経営サポート事業部へと異動した社員に「どうだい、新しい職場環境は?」と質問すると、たいていは疲れた顔で「いやもう、毎日が勉強また勉強で大変です」という答えが返ってきます。それはそうでしょう。地場のお客様を相手に、月に数千円のビジネスをやっているダスキン事業部と、全国の業種・業態もさまざまな中小企業の経営改善のお手伝いをする経営サポート事業部とでは、業務内容も扱う金額もゼロが3つ違う。同じ武蔵野ですが、異業種に転職したようなものです。

逆の異動、すなわち経営サポート事業部からダスキン事業部への異動でも同じことがいえます。社歴の長い社員だと「ああ俺、ダスキン事業部は経験があるからさ」なんていって軽視することが往々にあるのですが、しかしダスキン事業部だって毎日のように変化している。お客様が代わり、商材が代わり、仕事のやりかたが変わり……。5年も経てばまったく別の会社に生まれ変わっている。そのことを理解せず、古い習慣・感覚のまま仕事をされては困ります。特に、部下を持つ立場の管理職がそうであってはいっそう困る。

ではどうするかというと、タイトルにもあるように「現場一〇〇回」です。現場をよく承知している部下と共に、とにかく足しげく現場を見てまわり、仕事のやりかたを学び直す。

管理職が異動してくる。それまで別部門で得てきた経験や知見が、新しい部門にも持ち込まれる。それは大変に素晴らしいことですが、**「経験や知見が持ち込まれる」ことと「持ち込まれた経験や知見が成果を出す」こととは別物**です。現場のことがわかっていない新任管理職の「ああしなさい」「こうしなさい」は、非現実的なものであったり、スタッフに過大な負担を強いるものだったりが往々にしてある。それでは現場は疲弊《ひへい》するばかりでなにも実現できない。やがて「新任の〇〇部長の指示は聞かなくていい」「成果は出さなくていい」方針になってしまう。これは大変に困る。

とかく「現場めぐり」はどうしても泥臭い仕事に感じられるのか、職責上位になるほど嫌がる傾向があるが、とんでもないことです。手前味噌ですが私なんか、社長に就任してから「朝から晩まで社内にいられた」日なんてほぼ1日もないです。昨日はあの現場、今日はその現場と毎日飛び回っています。

経営やマネジメントのヒントは、現場の中に埋まっています。**現場にしか真実はない**。「長」の立場になればむしろ積極的にそれを拾っていかなくてはいけません。

【五つの情報】

——お客様の相対評価に自社を合わせていくために必要になるもの

経営判断に必要な情報。（一）実績報告、（二）お客様の声、（三）ライバル、（四）本部・ビジネスパートナー、（五）自分の考え。

会議で「私はこう思います」「こうすべきです」と発言する人がいます。本人はうまいところを突いたとか、自分の知見の素晴らしさを見せつけることができたとか思っていい気分なのかもしれませんが、社長からすればそんなものはノイズでしかありません。

的確な経営判断を下すために必要なのは一にも二にも各種数字（実績）。先月と比べて売上は落ちたのか伸びたのか、前年同月と比較してどうか、といったことです。次にお客様の声。どういう理由でお買い上げいただいたのか（あるいはお買い上げくださらなかったのか）、どういう経路で自社や自社サービスを認知なされたのか。それからライバル情報。どういう動きをしているのか、警戒すべきことはあるか。さらに本部・ビジネスパートナー情報。方針になにか変更はあるか。新製品・新サービスの開発はあるか、等々。

つまりは本項リードの**（一）～（五）は情報の重要性の順であり、発言や報告もその順に則ってせよ**ということです。自分の考えは最後で良いです。

わが社がiOSアプリとして無償で提供している『マイページPLUS』は、この（一）

〜(五)の順に登録されるように設計しています。入力項目は順に、お客様名・お客様先担当者名・訪問日・訪問時刻・訪問場所・訪問内容・受注見込み・訪問者・同行者・数字による報告(コンサルに4時間を要した、など)・お客様からの声やお客様の情報・ライバル情報・本部情報、そして最後に自分とスタッフの考えかた、です。時系列ですべて記録でき、しかもお客様ごとに情報を蓄積《ちくせき》できる。わざわざツールを作成してまで順番を守らせるのは、相対評価の視点を維持してお客様対応に当たるためです。

人は、ややもすれば「こんなにも頑張ってつくった製品だから売れるはずだ」とか、「これほど練ったサービスだから受け容れられなくてはおかしい」と考えてしまう。お気持ちはわかる。ですが、あなたが**頑張ったとか苦労したとかは、お客様にとってはまったく関係ない**ことです。あなたが考えに考え抜いてつくったものより、ライバルがつくったもののがいいと思えば迷わずそちらをお買い上げになる。

「(自社が手がけている)これはいいものだ」は、あなたの絶対評価です。ところがお客様は常に、「A社のものはどうだろうか」「B社は」「C社は」と見比べ、揺れ動く。これを換言すれば、お客様は常に相対評価で購入するかどうかを決めることになります。商品なりサービスなりを売るならば、**お客様の自由とライバルの勝手の中で**、自分の中に相対評価の軸を常に持っておかなくてはなりません。

【行動】——「まぐれ勝ち」を実力と勘違いしてはいけない。上司の指示を仰げ

勘や経験だけに頼ると、勝手な思い込みが生まれる。若いときの勘や経験ほどあてにならないものはありません。数字を基に行動するほうがずっと信頼できる。

私は「経験」を非常に重視する経営者です。人は、経験によって真に学ぶと信じているからです。社員にいろいろな経験をしてもらおうといつも心を砕《くだ》いている。

ところが、ちょっとしたジレンマがある。特に**優秀な社員にはありがちなことですが、自分の経験を過信してしまう**。

仕事をしていて、本人の実力とは関係なく、**まぐれで勝ってしまうことがたまにある**。たまたまライバルが風邪を引いて休んだとか、偶然お客様が競馬で大穴を当てて気が大きくなっていたために成約に至ったとか。勝ちは勝ちで拾っておけばいいが、問題はそれを自分の実力だと思い込んでしまうことです。

まぐれをまぐれと気づかないまま次の戦いに臨めばどうなるか。孫子の『兵法』を引用して言えば「百戦して必ず危うし」。つまり必ず負けます。それも広い目で見ればまた必要な経験ですが、しかし本人は過去の成功経験を過信しているから、次も、そのまた次も同じやりかたをして負け続ける。私が経験を重要視しつつ、経験への過信を戒《いまし》めるのは、

それが自分の成長機会を台なしにする危険性が隠れているからです。

以下、若いビジネスパーソンに向けてお話しします。

うまくいかなかったとき、ライバルに負けたときはどうすればいいか。「〇〇をした」「〇〇円を売り上げた」などの各種データを揃えて、**上司に指示を仰ぐ**のです。

上司はあなたに言うでしょう。「こうしなさい」「それは止めなさい」「この商品を重点的に売りなさい」「あのエリアは捨てなさい」……。それは優秀なあなたには、ありふれた内容のように思えるかもしれない。しかしどうか軽んじないでください。彼はあなたより圧倒的に経験が豊富で、ケーススタディも大量に蓄えている。その中から最善のアドバイスをしている。

「なぜ最善といえる?」。決まってるではありませんか、**彼は自分が率いる部門の業績に責任を負っている立場**です。この点において、あなたと上司とは抱えているものの重みが決定的に違う。**あなたが成績を上げてくれなくては上司は困る**。なぜなら自分の評価にも影響するから。

入社して3年も経つと、上司が鈍《どん》くさく思えたりするものです。それはあなたが成長した証《あかし》でもあるが、どうか彼の経験へ敬意を持って、その助言を素直に受け入れてください。そこにあなたの、社会人としての成長の鍵はあります。

【任せる】

――裁量の範囲を明確にするためにも、経営計画書を作成したほうがいい

好き勝手にやっていいということではない。方針書に基づいて実施を任せています。チェックは必ず受ける（チェックをされるのではない）。

私は辞令を発します。「○○さんを経営サポート事業部・運営部の責任者に任ず」。この辞令が意味するところは、こうです。○○さんは、わが社の経営計画書に明記してある「経営サポート事業部の方針」の範囲内で、部下に指示して自由にやってよい、と。

つまり**「任せる」とは「なにからなにまで好きにやっていい」のお墨付きではない**。このあたりの認識が甘い社員は、私がちょっと叱責しようものなら「任せる、と言ってくれたじゃないですか」と反発するが、もう根本的に勘違いしていると言わざるを得ない。そんな社員と見抜くこともできず抜擢《ばってき》した私にも落ち度はあるから、更迭《こうてつ》まではしませんけれども。

前段で「叱責」と書きました。この叱責が自分勝手なものではないと担保するものは「経営計画書」です。ここに裁量の範囲内が定められているから「それは与えられた職務上の経験を越えている」と注意もできる。昇進・昇格した社員が勘違いして調子に乗る会社は、たいてい経営計画書や規定書（経営計画書に記載されない、部署のルールブック）の類を

持っていない。経営計画書を作成するのが面倒という社長は多いが、社内の規律を引き締めるためにも毎年作成して、**社員に任せる範囲を明確にしておくこと**です。

定められた方針以外のことをやりたくなったら？　そのときは社長に相談してもらいます。「これを、このようにしたいです」。私は99％の確率で、「いいね、是非やりなさい」と言います。なぜなら彼が失敗するとわかっているから。こういってはなんですが、管理職が考えた「良いこと」なんて、社長のレベルに及ぶはずがない。人は、失敗からより多くのことを学ぶ。私はそういう体験をさせたいです。

わが社は、仕事を任せたら「任せっぱなし」には絶対にしません。定期的にチェックをします。チェックすることの重要性については120ページをご確認いただくとして、ここでは別のことを述べると、**チェックは抜き打ちでしてはいけません**。必ず「○月○日、チェックを行なう」と予告してください。すると当人は、低評価になるのは嫌だから、期日までになにがなんでも完遂する。それは、動機としてはもちろん不純です。しかし不純だろうがなんだろうが、「必ず実行させる仕組み」があることが正しいです。チェック日のチェックは会議が始まると直ぐ行ないます。社長・職種上位がチェック日を変更しても参加者に伝えていないことが多いので確認をします。そして最後のチェック日の次のチェック日を決めて発表する。会議によるが、最低でも3カ月で職責上位の参加は1年先まで毎月・毎月決めていきます。

【判断】――自分に都合よく考えてしまうもの。常に上司に助言を仰ぐのが正しい

期待が判断を狂わす。自分では冷静に、客観的に見ているつもりでも、振り返ってみると、甘い夢を見ていたに過ぎない。損得が先にくると平常心が乱れる。

「期待が判断を狂わす」の典型が、わが社の新人店長に見られます。

店長になると給与も裁量も増えますが、そのぶん義務も大きくなる。一般社員のころは自分の売上だけ考えていればよかったものが、店長になると部門全体のことを考えなくてはならなくなる。負うべき数字も文字通り桁違《けたちが》いになる。ところが新人店長は、昇進した嬉しさに目が曇るのか、この重さをあまり理解しない。特に就任したてのころは「このくらいやれば課題もクリアできるだろう」と、先行きを楽観視する傾向が強くある。

「このくらいやれば」で実際に課題がクリアできるか。できません。「クリアできるだろう」という**根拠のない期待が、こうすべき、こう手を打つべき「判断」を狂わせている**からです。ダスキン事業はレンタル業務、毎月お買い上げくださるお客様が定着している。

ここから引き出される教訓はふたつあります。ひとつは、**無理をしなければならないときには無理をすべき**です。そうしなければ成績は上がらないし、成績が上がらなければ個人のレベルも上がらない。もうひとつは、**組織はものごとを客観的に見ることのできる人**

を置く必要があり、それが上司です。人は、常に自分に都合よくものごとを捉《とら》えて判断を誤る。立場は「店長」となっても、いちいち上司（つまりそれは部長とか本部長といった職責の社員ですが）に助言を仰ぐ人が正しいです。

リード文の「損得が先にくると平常心が乱れる」に関していうと、格好の例がギャンブルです。私は賭事には滅法《めっぽう》強く、ラスベガスに行けば8勝2敗、競馬なら7勝3敗といったところ。それなりの勝率といっていいと思いますが、それは判断が正しいからです。

人がギャンブルで負けるのは「2万円の種銭《たねせん》を、5倍の10万円にしたい」と思うからです。これがそもそも間違っている。普段は5倍の努力をしたことがないのに。私は、「50万円で10万円を稼ごう」と思っている。つまりは「20％の努力でいい」と割り切っている。「500％にしたい」と「20％でいい」、両者の判断に差が出てくるのは当然です。私は「仕事も遊びも同じ頭で」というが、要は仕事・遊びを区別せず、どちらも、誰でもできる努力を、誰でも手に入れることのできる情報を使い、勝っても負けても振り返りを行ない、気づいたことはチェックリストに追加しています。そうでなくては勝利の果実は決して得られません。

【不正】——性善説に立っては駄目。あらゆる手段を講じて、社員を犯罪者にしない

長く担当をさせると不正をする。定期的な人事異動とチェックの体制を整える。

小口現金をちょいと私的流用して、給料日にまとめて返す。不正ですが、「よくあること」です。そしてちゃんと返している限りまず見つかることはありません。

ですがそんなちっぽけな不正でも、見逃しているとやがてもっと大きな不正に手を染めることになります。私が社員のとき、同僚がデパートのレコードをマットの中に入れて盗難するのを見過ごしました。退職して3年後、彼は新聞に三段抜きで掲載された。

そこで私は、小口現金は「部門の一番職責が下の社員が管理する」ルールにしました。職責が高いと不正がしやすい。若い社員はその心配を大きく減らすことができます。

いまはもう小口現金は全部なくしました。社員に支給しているiPhoneで「スピード決裁」できるように切り替えた。申請の半数は1日で決裁が通るので、立て替えがかさむこともない。それから人事異動。わが社は、経理のような専門性が高い部署も、2年半で部署内の異動になります。**自分の仕事が来年、再来年には別の人にチェックされると思えば不正はしにくくなる**ものです。

と、このようにわが社が不正防止のための仕組みを日々アップデートするのは、こと不

正に関しては性善説に期待して解決しようとしても駄目と確信しているからです。

だれだって皆、弱い人間です。目の前にまとまった現金があれば出来心のひとつも芽生えることだってある。これを回避するためには、心理的な障壁をつくっておくことはもちろん、**「仕組み」という物理的なストッパーがあることが大切**です。

仕組みでいえば、やはり効果的なのは人事異動ですね。それは前段でも述べました経理部門にとどまらず、仕入・発注業務を扱う部門も同様です。出入業者はわが社からの受注を失いたくないから、担当者と癒着《ゆちゃく》して賄賂を渡すこともあります。

いろいろとリサーチをすると、大規模な不正はやはり経理から、それも人事異動を行なわず、一人の担当者にずっと任せていたパターンが多いです。変えないほうが楽であることは確かですが、不正防止という見地からはまったく感心できないことです。

私が知る範囲で一番額が大きい不正は、実に2億円。一人のベテラン経理担当者がずっと金勘定をしていました。「見過ごせない横領だ」「信頼していたのに裏切られた」「告訴してやる」と怒る社長に、私は（額が額だけになあ）と同情はしつつこう伝えた。「彼が横領したのではない。あなたが横領させたのですよ」。

一人の担当者にずっと経理を担当させるとは、社長自らが「不正してもいいよ」と許可したも同然なのです。

【問題】——新しいものから順に片づけていくのが正しい

6カ月前のものよりも、昨日の大きな問題のほうがはるかに解決しやすい。一つ解決すると、3つまた新しい課題が見えてくる。

まず大抵の人は、本や雑誌は最初のページから読み進めます。ホームビデオを鑑賞するときも、音楽アルバムを聴くときも、まあ冒頭から再生するでしょう。

このように人は、**「前から順番に」が習慣づけられている**。仕事も、つい古いものから順に片づけようとする。そしてそのことを疑おうともしない。ここは考えを変えてください。半年前の仕事がまだ残っていて、その仕事を完遂していないことが現状に大きな影響を及ぼしていないのなら、その仕事は「やらなくていい仕事」だった。そんなことに手を煩《わずら》わされていては生産性はいつまで経《た》っても上がりません。

本書で何度か「捨てる」ことの重要性について説《と》いています。捨てるは、仕事も同じです。古くて、大勢に影響しない仕事は早く捨てて、新しい、より業績に寄与しやすい仕事に着手するべきです。**仕事ができる人は、一番新しい仕事・一番最後の仕事を、いの一番にやる**（そして成果を出す）人のことを言います。よく覚えておいてください。

本項の「問題」も同じことです。普通に仕事をすれば、問題は後から後から湧いて出てくるもの。それはもうどうしようもないことだから、「古いものから」「順に」「全部」解決しようなんて間違っても思わない。新しい問題から解決するよう心がけてください。

現実問題として、新しい大きな問題のほうが、半年前の小さな問題よりはるかに解決しやすいです。なぜなら、まだリソースが残っているから。記録も、記憶も残っているから。ここで順番にこだわって古い問題に時間を取っていると、新しい扱いやすい問題もすぐに「古い問題」になってしまい、結局問題はなにひとつ解決できないまま終わってしまう。

つまるところ**問題の発生が避けられないものである以上は、問題とうまくつきあう術を身につけなさい**、です。それがつまり最新の（＝解決しやすい）問題から手をつけて、古い問題・手のつけられない問題は捨てるということで、そういう経験を重ねていくことで、次第にあなたは「図太く」なっていきます。ああ、どうしよう。困った困った……、と悩むことが少なくなる。とてもいいことです。いくら悩んだところで1円も生み出すことはできない以上、それは仕事ではない。

1996年4月『会社開眼の法則』（TBSブリタニカ）を上梓《じょうし》した。これまで出版社から依頼を受けて1度も期日に遅れたことがない。また、添削時はアナログで加筆をすると、行がハミ出すときがある。このようなときはどこかを縮めてずれないように添削している。昔は加筆を手で書いていたが、今は音声入力でテキスト化された文章を直し、プリントをして貼り付けている。

【良いこと】――中小企業は「良いこと」をしてはいけない。成果の出ることをする

良いことはテストでよい。結果が出ていることが優先です。

その昔、わが社がどうしようもなく酷《ひど》い状態だったころ、いったいなにをやっていたか、**「良いこと」ばかりをやっていた。**

こういうことをしたらお客様にお喜びいただけるだろう。売れるだろう。社会的にも意義のあることだろう……。そういうことばかりを、思いつくまま引っ切りなしに、手当り次第にやっていた。

で、そのころの社員にお調子者というか、間抜けな社員がいまして、これがまた次から次に「良いこと」ばかりを提案してくる。間の悪いことに、当時のわが社の社長ときたらこの社員に輪をかけて間抜けなお調子者でして、えー、**小山とかいう社長**ですけどね、「おっ、それいいな。やろうやろう」とか言って、精査もせず即断即決で実行に移してしまう……。

非常なスピード感をもって良いことばかりをやり続けていたが、業績はさっぱり伸びず、前述の通り会社は酷いままでした。

それはいったいなぜだったのか。

実は理由は単純で、その「良いこと」は、わが社にとっては未知のこと・未体験のこと

だったからです。どんなことだって、初めてやる仕事がうまくいくはずはない。わが社のような落ちこぼれ集団ならなおさらです。

当時のわが社がやるべきは、「良いこと」は「テスト」、すなわち試行くらいのレベルに留めておいて、**社内で、あるいは他社で上手くいっていること・結果が出ていることはなにかを見極め、それを真似て横展開すること**だった。そうすれば、少なくともゼロから始めるよりはずっと容易に業績を上げることができる。

同様のことが、新卒や中途入社の経験の浅い社員に対しても言えます。

あなたは学校で、あるいは以前の職場で優秀な成績を出していたのかもしれない。ですがその経験は、この新しい職場でも通用するとは限らない、いやむしろ通用しないことのほうが圧倒的に多い。

まずは素直に先輩が上手くやっている仕事を真似することが大切です。もっと大切なのは、「それはどうやるのですか」と、謙虚《けんきょ》に教えを乞うことです。

学校ではこうだった、前の会社ではこうだったというプライドは、無意味ですから捨ててください。**「良いこと」をやるのではなく、「成果の出ること」をやる。**それが結果的に「良いこと」をやった、となります。

【永続】 ——経営者はなにがなんでも組織を維持し、雇用を守らなくてはいけない

儲かる会社より、つぶれにくい会社をつくることです。

2005年、河出書房新社より上梓《じょうし》した『「儲かる仕組み」をつくりなさい』がベストセラーになったこともあって、その後の私の著作タイトルにはしばしば「儲かる」が躍《おど》るようになりました（タイトルを決定するのは、多くの場合で出版社です）。大げさに言えば「儲かる」は、私・小山のキーワードになっている観すらある。

ところが——、編集者のかた・よく売ってくださった出版社のかたには申し訳ないのですが——、これはいささか不本意なことでして、実は私は「儲かる」のは組織にとっては大きな問題ではないと考えている。**大切なのは得た利益の多い少ないではなく、「倒産しない」こと**。言い換えて説明します。「強い」こと、「強くある」ことです。

儲かるは、実は危ない。外食産業を見てごらんなさい。このスイーツが流行っている、このサービスが受けているとなれば、それこそ「儲かる」と見た多くの会社が真似をしてくるではありませんか。供給過剰になりブームはすぐに去り、残ったのは大手資本だけ……。こんなケース、いくらでも思い浮かぶでしょう？

たとえて言うなら、「儲かる」は打ち上げ花火です。華やかではあるけれど一瞬で散っ

て終わる。一方、「強い」は蚊取り線香です。地味ではあるが長く燃え続けることのできる。どちらがいいかは経営者の価値観にゆだねられますが、一般論としては、リソースに余裕のない中小企業は、蚊取り線香のほうが「より安全」です。

倒産しにくい会社はどういうものか。一言、**変化を惜《お》しまない会社**です。

お客様は、市場は、変化は会社の都合を待ってくれない。変化は会社の都合を置いていく。であれば当然、会社もそれに合わせて変わっていかなければ、あっという間に見放されます。世には、サービス業、製造業、販売業と様々な業種があるように見えます。でも本当は、業種はたったひとつしかない。いわく、「環境適応業」です。

私は**「中小企業は、時代をつくることはできない。時代についていくことはできる」**と言います。潮目が変わったと思えば即座に方向転換ができる身軽さこそ中小企業の身上です。別の言いかたをすれば、中小企業にとって変化は宿命です。

近代的国家の存在意義は、国民の生命と財産をなにがなんでも守ることにあるように（これを社会契約と言います）、経営者もまた最高責任者である以上は、なにがなんでも組織を維持し、社員の雇用を守らなくては本義を失います。「強い会社」を目指してください。

【単品管理】

——売れ行きは「全体」で見てはいけない。単品で把握《はあく》しないと間違う

単品の動きを追い続ける管理でなければ機会ロスは避けられない。

「単品管理」は、読んで字のごとく商品を単品で管理することです。商品Aは月末までに50個売れた。Bは100個仕入れて35個が売れている。Cは製造元でも品切れが続いていて、いまは店頭在庫で3個があるのみ……という具合にです。会社全体の数字を見てどうこうと考えることはもちろん必要ですが、どの商品が・どれだけ売れているのかを単品管理しなければ販売戦略もおちおち立てられません。

わが社でかつてこんなことがありました。そのとき、会社全体では売上はぐんぐん伸びていたので私はつい油断して単品管理を怠っていたが、あるとき気まぐれから単品ごとの売れ行きを調べてみた。すると、**レンジフィルターがナンバーワンの人気商品だった**のに気づき驚いた。

これはびっくりしましたね。わが社はダスキンの代理店ですよ。ダスキンといえば、商品ラインナップはたくさんあるが、お客様の印象に一番強くあるのはモップです。当然、それが一番売れています。ところがデータは、何度精査してもレンジフィルターが一番成長している。そこで私は、「売れるものは一層力を入れて売れ」の古典的ビジネスセオリ

ーに従い、レンジフィルターを重点商品に指定しました。

結果は大成功でした。

モップは、確かにダスキンの顔とも言える中心的な商品ですが、それはすなわちライバルにとっても中心的な商品ですから、常に「食うか、食われるか」の熾烈《しれつ》な争いをしています。ところがレンジフィルターのような外から気づけない商品はライバルも力を入れていないし、いっそ扱いもなかったりもする。言葉は悪いが、放っておいてもライバルに奪われる心配はほとんどない商品だった。

わが社は、レンジフィルターを重点的に売ったことによって、安全かつ安定的な「狩り場」を手に入れることができた。もし私が単品管理をしなければ、この大鉱脈を取り逃していたでしょう。

とかく**会社は、グロスで捉《とら》えようとするとしばしばしくじります**。小売価格が相場に大きく左右されるもの――、ガソリンが顕著ですが――、20年前と現在とでは価格が倍くらい違っている。普通に営業していれば売上も伸びるが、単品管理（この場合はガソリンの販売量）を見なければ、「売上は右肩上がりだけれど、実はお客様の件数は減っている」なんてこともわかりません。商品全体の売上を見るのではなく、**商品ごとに「単品」で、数が増えているかどうかを見る**ことが大切です。

【洞察力】——ものごとを広い視野で見る。「部分」を見ていては気づけない

物事の変化の連続性の差を見ることです。物事の「自然か、不自然かを考える」ことです。損か得かで考えると、どうしても自分に都合よく解釈する。

「物事の変化の連続性の差を見る」。ちょっと難しいですね。いったいどういうことでしょうか。それを説明するために、私が店長をやっていたころの昔話をします。

ダスキンの営業担当者は、新規契約を取るとインセンティブ（報償金）が支払われます。また新規契約の獲得件数はその期の評価を大きく左右し、賞与額や昇進・昇給にも大きく影響する。

すると、こんな悪知恵を働かせる担当者も出てきます。

手口はこうです。担当しているお客様を、書類上「解約」扱いにする。もちろんお客様には伝えません。そのままではダスキン商品が届かなくなるから、知らん顔したまま2カ月ほどモップ等を無料サンプルにして、いつものように配達・交換する。そして3カ月目、何事もなかったかのように再契約する。こうすると、お客様は、勝手に解約・再契約させられていたことには一切気づかない。しかし会社には「一件の新規契約を取ってきた」と認識されて、それなりの評価がなされる。

これは、会社を裏切り、お客様を裏切る重大な背信行為です。ですが、新規契約が取れたとか取れなかったとか、Aさんは3件取った、Bさんは5件と「部分」を見ているだけでは気づくことができません。「このお客様は以前にもご契約くださってはいなかったか」「3カ月だけ解約されていたのはなぜか」と考えなければ担当者の背信行為に気づくことはできない。(現在は解約履歴が残っているから不正はできません)

このように「物事の変化の連続性の差を見る」。ずっとご契約くださっていたお客様が、ある日突然解約された。これが「変化」です。そのまま解約状態が続くと思いきや、早くも3カ月後には再契約になった。これが「連続性の差」です。

私は、店長時代は部下が契約を取ってくるたびに「これはこっそり解約・再契約したものじゃないだろうな」と思って、都度必ずデータを確認していました。今日に至るまで**私は、全員が真面目に仕事をしていると思ったことはありません**。一部の人たちは手を抜く。ズルをする。そういう前提でいます。

これは「人を疑いの目で見る」ことが目的ではなく、犯罪者を育てない「防衛」です。

部下は、人間的には好ましい人たちです。ですが「人間的には好ましい」ことは、「仕事も好ましい」とは連続しない。人間のやること(仕事)には必ずミスがある、部下の仕事は多角的にチェックし、万一にも出来心が芽生えないような仕組みにしておくことです。

【IT】――デジタル・アナログにはそれぞれ一長一短あり。状況に応じて使い分ける

インプットはデジタルで、アウトプットはアナログで。

あなたは部下にメールで指示を出します。「これこれのことをやっておくように」。それで部下がきちんと仕事をすると思いますか？　ありえません。部下にとっては、毎日何十通と来るメールにいちいち目を通すのは実に面倒なこと。そして人間は、面倒なことはしない生き物です。あなたがメールで指示を送っている限り、それは認知すらされずに流されます。認知がなければ実行など望むべくもありません。これは由々しき事態です。**命じたことが実行されなければ、以降それは「命じたことは実行しなくてもいい」方針になってしまう**からです。

しかし指示がアナログ的に、紙にプリントされて部下の目の前に貼り出してあったらどうですか。これはもう絶対に目に入ります。「気づかなかった」なんて言い訳もとおりません。となれば部下は嫌でも実行せざるを得ない。つまり「アウトプットはアナログで」とは、絶対にやらなくてはいけないことを、絶対にやらせる仕組みです。マネジメントのうえで大事なところはアナログ的な対応でないと駄目です。

「ならばインプットもアナログじゃ駄目なの？」。はい、駄目です。入力の時間もかかるし、

複製をつくる手間も大きくなるし、なにより閲覧性・検索性にも劣るからです。仕事をするとき・させるときは、デジタルとアナログそれぞれの長所・短所をしっかり把握《はあく》して、状況に合わせて使い分けなくてはいけません。

大雑把にいうと、気持ちや心を伝えたいとか、言外《げんがい》の言《こと》を読み取ってもらいたいとかいった場合はアナログ的な手段を選択してください。デジタル的なやりかたでは、しばしば誤解されて伝わります。たとえば「この馬鹿」と、笑いながら直接言う（≒アナログ）のと、メールで書き送る（≒デジタル）のとでは、受け止められかたも相当に違ってくることは容易に想像できるはずです。

特に**お客様対応に関するところではアナログに徹し、ひたすら効率悪く**やってください。なぜならば企業、わけても中小企業は、お客様に対して「私どもはあなたを大切に思っています」という気持ちを伝える必要があるからです。

デジタルで処理すべきはお客様の目の届かないところ、すなわちバックヤードです。これこれの在庫はどこの倉庫にどれだけあるのかとか、いつ・どこで・なにを・どれだけお買い上げくださったのかといったことですね。これは可能なかぎり投資をして、デジタルで情報武装するといい。繰り返しますが、デジタルもアナログもそれぞれに一長一短がある。それを見極め、使い分けることが大切です。

【パレート分析】

――施策を決めるときは、必ず数字や統計学的手法に基づく

過去三年分の粗利益データから、(一)お客様別パレート(二)商品別パレート(三)お客様別商品別パレートを作成する。自社の数字を知る上で最も大事なデータ。

「パレート分析」は、「数量」と「比率」を同一平面上で比較することで管理効率を高め、経営戦略を導き出すための分析方法のひとつです。その詳細については専門書に譲るとして、ここではこんなふうに解説を試みましょう。

まず、お客様をA・B・C……とグループ分けをする。Aは年間に100万円お買い上げくださるお客様。Bは50万円のお客様。Cは10万円……。そしてグループの売上(これが「数量」です)が多い順に棒グラフにしてみる。そのグラフは、Aグループが一番高くなります。そしてB、Cと、お買い上げ額が高くなるにつれて低くなっていく。換言すれば、どの会社も小口のお客様が一番多く、大口のお客様は少ないです。

次に「比率」。A・B・Cの各グループの売上高は、会社全体ではどれくらいの比率を占めるのか。それを積算の折れ線グラフにし、棒グラフと重ねてみる。これは必ず右肩上がりの線を描き、最終的には100%に達します。

これがパレート分析の要となる「パレート図」と呼ばれるものですが、ではパレート分

析をしていったいなにが判明するのか。

有名な「2：8の法則」と呼ばれるものがありますね。お客様の2割が、自社の全売上の実に8割を担《にな》っている経験則です。興味深いことにこれは業種・業態を問わず、どんな会社でもだいたい当てはまる。そしてこのことを正確に把握《はあく》する方法が、冒頭で述べたパレート分析です。

自社の売上の過半数を占めるのはどういうお客様か。それがわかれば、おのずと「自社として力を入れるべきところ」もわかります。たくさんお買い上げくださるお客様が具体的になるから、そこにいっそう戦力を投入して満足度を向上させればいい。

パレート分析はお客様の数だけでなく、お客様の住居分布はどうとか、売れ筋の商品はどうとかいった項目でもできる。そしてその都度、それまで想像もしていなかった「現実」が浮かび上がってきます。つまりパレート分析は、社長や経営幹部の「必須教養」のスキルです。

社長はもとより経営幹部も、ともすれば「以前はこうだったから」と、過去の自分の経験に照らして物事を考えてしまいがちです。しかし**施策を決めるときは数字や統計学的手法に基づかないと誤ります**。市場は、お客様は、分秒の単位で変化している。**「以前はこうだった」は、「現在もこうである」ことを担保するものではありません。**

【決算書を読む】

——決算書は会社の健康診断書、社長の通信簿

三期分読まないとなにもつかめない。

決算書は、1年間（決算期の設定によっても異なるが、多くの会社では4月1日～翌年3月31日まで）で、どれだけの数字を上げることができたかを記した書類です。

決算書は、2種類あります。ひとつは「損益計算書」。これは単純に、会社が儲かったか儲からなかったかが記載してあるもの。そしてもうひとつは「貸借対照表」。会社の土地や建物などの不動産、預貯金や借金などの動産がどうなったかというもの。こちらは損益計算書と比べると読み解くのが難しく、だから経営者でもおざなりに目を通すだけの人が少なくありませんが、感心できない態度です。なぜならばそれは、**会社の状態を示す健康診断書**であり、かつまた**社長の通信簿**ともいえる書類だからです。会社の「実態」は、なるべく客観的に見つめなくてはいけません。

「健康診断書」「通信簿」というキーワードが出たところで話を続けると、1年間の決算をして10円以上の利益を出している会社は少数です。逆にいえば大部分は赤字。つまり身体もあまり健康ではないということですね、残念ながら。だから、利益を出している会社は、それだけで大したものです。利益額の多い、少ないに関係なく、すごい会社と評価し

ていい。

時々、粉飾決算がどうこうという経済スキャンダルがマスコミを賑わすことがありますね。あれ、なぜ粉飾ができるかというと「一期だけなら簡単にごまかせる」から。一期ぶんの資料しかなければ数字を突き合わせるわけにもいきません。

というと派生的に理解もできるでしょうが、粉飾決算がわかるのは、数期ぶんの決算書と突合させたからです（内部からのリークもあります）。具体的には、三期もあればもうごまかせません。

新規の金融機関と取引を始める場合、先方の担当者は必ず「決算書を三期ぶんご提供ください」と言います。それは、三期ぶんの決算書を分析すれば粉飾をしているかいないかがわかるし、会社の健康状態も認識できるし、社長の経営能力も把握《はあく》できるからです。つまり決算書は高度な企業秘密でもある。

金融機関が「三期ぶんの決算書を」と要求してくるのは、「御社を融資対象のリストに加えてもいい」サインです。だから、応じるのはいいのですが、金融機関は決算書のなにを見ているかは認識しておいてください。端的に、それは「別表」です。金融機関の審査部門は決算書の別表をとりわけ熱心に見、整合性の有無を確認してから融資を決定します。決算書で自社の経営状態を正しく把握し、適切な手を打つことが大切です。

【現金】——「売ってなんぼ」ではなく「回収してなんぼ」。ここを間違えると倒産する

血液と同じで、流れが止まると倒産する。会社の資金は、現金に始まって現金に終わる。営業マンの仕事は、単に商品を売るだけでなく、現金を回収してはじめて終わる。現金は現実、利益は見解。

現在は撤退しましたが、もうかれこれ30年以上も前、わが社には「あかり事業部」という部門がありました。事業内容は読んで字のごとくで、照明器具の販売です。店舗やオフィスを対象にリストをお渡ししておいて、ファクスでご注文をいただいたら宅配便でお届けするというもの。

あかり事業部はスタート時から非常に好調でした。お客様からのお問い合わせは引きも切らず、売上は順調に伸びていった。にもかかわらず、会社はいつも資金繰りに苦労していました。当時は私も無知でしたから、「おかしいなあ。こんなによく売れているのに、儲かっているのにどうしてこんなに資金繰りが苦しいんだろう」とぼやきながら、銀行からの借入金で仕入代金を支払っていました。

これ、いまから考えると「典型的な倒産パターン」です。よくぞ無事だったなあと、思い出す度に背筋が寒くなります。

売上は絶好調なのにもかかわらず資金繰りが苦しかったのはなぜか。種を明かせば単純なことで、仕入れ代金の支払いサイトと売上代金の回収サイトに大きな乖離《かいり》があったためです。大雑把にいうと、仕入れ代金は月末締の翌月10日払い。仕入れから40日後に決済(支払)の必要があった。ところが、あかり事業部のお客様は大手企業が多く、大手企業の商習慣にはよくあることに、売上代金は月末締の翌々月末払い(回収)だった。

売上の入金が遅ければ、当然お金が足りなくなります。それを金融機関からの借入で賄《まかな》えば金利も発生する。この状況を放置していれば次第に自社口座のお金がなくなっていって、ついには倒産です。なんであれ事業を始めるときは仕入・売上・回収の時間軸での関係をきちんと把握《はあく》し、「サイト負け」しないようにすることがなにより肝要です。

私はだから、わが社の営業担当者には「売ることではなく、代金を回収することが重要だ」と口酸っぱくして教えています。売って、帳簿上は利益が出ていても、それでみなさんに給料は払えませんよ、回収したお金で給料を払うのですよ、と。書類上、**利益が出ていても、それはただの「見解」に過ぎない**。その見解は、現金という「現実」にしなくてはいけない。

経営サポート事業部を立ち上げ時に、この大失敗は活かされ無かった。3年後、売掛金が5000万円もあるのに気付き、代金の回収を前払いに変更した。人間は、困らないと経験が活かせない。

【事故報告】
——どれほど軽微《けいび》な事故でも「その場で示談」しては絶対にいけない

起きたその場ですぐに報告する。
(一) 人命救助 (一一九番通報)
(二) 最寄りの警察 (一一〇番通報)
(三) 上司と総務 (会社に電話)
事故が発生した時、目撃者 (許可を得て)、車両名ナンバーをスマートフォンのカメラで記録する。示談は絶対にその場でしない。事故車両は修理する。

わが社にとって、自動車の運転は日常業務です。毎日何十台もの営業車が、各営業所からお客様のもとへと東奔西走《とうほんせいそう》している。これだけよく走っていると、妙な言いかたになりますが**「事故とも言えない事故」**にも遭遇《そうぐう》します。

先日、こんなことがありました。運転はダスキン事業部のAくん。いつものようにお客様への配達・交換を終えて車に戻り、さあ、いままさに発車しようとしたそのとき、自転車に乗った高齢者のかたが横っぱらに突っ込んできた。Aくんは車を降り、声をかけました。「お怪我はありませんか?」「すみません、大丈夫です」。

それで彼は安心して車を出したのですが、これ、金銭の授受こそなかったもの、わが社が固く禁じている「その場での示談」そのものです。このときは相手が良心的なかただったから大ごとにならずに済みましたが、もし悪い人だったら、後から「轢《ひ》き逃げされた」と警察に訴え出るでしょう。

そんな訴えが通るものか？　いいえ、道交法上はそれが通ってしまうんです。

するとどうなるか。もちろん大変なことになります。まずもって交通事故があった旨が警察に届け出られると、交通事故証明書や実況見分調書が作成され、損害賠償や休業補償をする義務が確定します。保険でカバーできる？　いいえ。実はここが落とし穴で、轢き逃げと認定された場合は保険適用外になる。損害費用はすべて自弁しなくてはならず、交渉事も保険会社は代行してくれません。

これ、出費もさることながら、労力も大変なことになる。じゃあ相手が反社会的組織の一員だったら、著名人だったら、高額所得者だったら……、と、こう想定していくと、交通事故は、たとえどれほど軽微なものであっても、**その場で示談に持ち込むのは百害あって一利なしなのです。**

日常業務に慣れてくると、些細《ささい》なアクシデントならばつい軽視しがちになるものです。

10年前、自動ブレーキ搭載の車が販売されると3500万円の違約金を支払って、全車自動ブレーキに替えた。このことによって大きな・小さな事故は減少した。ながら運転、わき見運転を撲滅するために、ＡＩドライブレコーダーを導入し、人の命を守る。

【損の道を行くこと】

——会社は利益を追求する組織であり、社会の「公器」でもある

ダスキン創業者鈴木清一から直接聞きました。「損と得とあらば損の道を行くこと」。社長、損をするのはおかしいではないですか？　そうです。小山君、ですから常日頃から蓄え（利益）をしておいてください。蓄えがないと、本当に損をしなければならない場面で損ができません。

ダスキンを創業した鈴木清一社長が亡くなったのは1980年です。もう半世紀近くにもなるのですね。この間、氏とかかわりのあった人も、引退したり、あるいはまた鬼籍に入られたりして、生前の氏と話をしたことがあるのは、現役のダスキン関係者では私と一部上場会社に育てたAさんとBさんだけになりました。ダスキン本社の社員にもいません。

ダスキンの創業の地は関西で、東京での代理店第1号がわが武蔵野です。当時はダスキンも現在のような大企業ではなく、だから鈴木清一社長も経営指導や勉強会等で気軽にわが社を訪れていました。そんな縁で冒頭のやりとりもあったわけですが、氏の真意を私が理解できるようになったのはそれからずっと後になってからでした。

というのも若いころの私は「会社は利益を追求する組織であり、だから1円でも損するようなことはしてはいけない」と考えていた。だからこそ「損をするのはおかしい」と鈴

木清一社長に疑問を投げかけもしたわけです。実を言うと、この考えそのものは今も変わってはいません。ただ、永く会社の舵取《かじと》りをするうちに、やがて「**会社は利益を追求する組織であるのと同時に、社会の公器でもある**」と強く実感するようになった。

コロナ禍の影響で多くの企業が――、それも、だれもが名を知る大企業までもが――、経営不振に陥りました。生き残るためには合理化・スリム化が必須だといって、働く人たちを積極的に解雇もする。それは、褒《ほ》められるようなことはないにしても、「こういうご時世だからしかたがない」みたいな感じで、社会的にもなんとなく受容されました。

このような状況下でなお雇用を守ろうとするのは、まぎれもなく「損の道」です。もちろんいろいろな考えかたはあるでしょうが、私はいまこそ経営者は損の道を行くべきだと信じるし、実際にそうしている。それができるのは鈴木清一社長の教えがあったからです。彼の言われた通りに、今日まで営々と利益を蓄えてきたからこそ、「本当に損をしなければならない場面で損ができ」ている。

「**貧すれば鈍する**」という言葉があります。利益を蓄えておかないと、会社は損を選択することができなくなる。それは、会社の「公器」としての役割を放棄することに等しい。

2020年3月13日に成立した新型コロナウイルス対策の緊急事態宣言が出されたが、従業員100%完全雇用、給料は自宅待機でも100%支給できたのは十分な蓄えがあったからです。

【退職届】――「筆跡」によって偽造を防がないと本来的には無効

手書きで書くものです。

ひところ、履歴書をPCからプリントアウトしてつくることの是非が話題になったことがあります。ご記憶のかたも多いでしょうが、履歴書は手書きしてこそだ、という派と、いや当節それは時代錯誤もいいところだ、という派とが、大手新聞社まで巻き込んだ論争になりました。

あの議論がどう決着したのかは記憶に定かではありませんが、現状の就職・転職市場をみるに、「人それぞれ」で落ち着いたのでしょう。つまり、手書きしたい人は手書きすればいいし、PCで面倒なくプリントしたい人はそうすればいい。手書きの文字が見たい会社はそう要求すればいいし、そういうことにはこだわらない会社は好きにしてもらえばいい。妥当なところだ、と思います。

ところが、履歴書はそれで良くとも、退職届はそうはいきません。これは必ず手書きでなくてはいけない。

なぜか？　それを解説する前に少々余談をします。先般、わが社の若い社員数名に「どうして退職届は手書きにしなくてはならないか知ってますか？」と質問したら、全員から

「えーと、気持ちが伝えられないからですか?」という答えが返ってきました。

いやはや、まったくしょうがないなあ、と思いましたね。そりゃ確かに私は「手書きだからこそ伝えられる気持ちがある」とは日々述べてますよ。だから社員に送る葉書は(住所・宛名も含めて)手書きにしてますよ。でも、わざわざ退職届から気持ちなんて伝えなくていいでしょ。退職届で伝えるべきは気持ちではなく、「辞めます」という意志なり情報なりでしょ。

と、余談はこれまでにしてズバリ正解を言うと、**退職届を手書きにするのは「偽造を防ぐため」**です。

ネットを検索すれば、退職届の文例なんていくらでも拾えます。それをプリントして三文判で捺印すれば、退職届のできあがり。こんなものに法的な有効性を持たせたら、会社はいくらでも(そしてなんのリスクもなく)社員を解雇できてしまう。この点、手書きなら「筆跡」という証拠があるから、偽造は困難です。つまり退職届を手書きにするのは、労働者保護のためとも言えます。

最近、退職代行業者により退職した社員がいました。早速、社員の賛同を得て就業規則を変更しました。本人か弁護士による退職届の持参です。会社は必ずしも退職代行に従う必要はありません。

【定性情報】

——必ず固有名詞とセットにする。さもないと間違える

定量データは決算書の数値で判断できるが、定性情報の把握《はあく》は難しい。経営計画発表会や銀行訪問が大切。社風や規律、従業員の姿勢など。

「情報」には2種類あります。**ひとつは、数値化によって把握できる「定量情報」**。今期はこれだけ売り上げたとか、利益額はこれだけ伸びたとかです。そして**もうひとつは、数値化のしにくい「定性情報」**です。数値によって置き換えることが困難な文章、音声、映像などのデータです。**定量情報と定性情報、どちらが卓越するということはありません**。

自社の状態を客観的に知る上では定量情報を押さえて、「お客様のご意見・ご要望」のような定性情報は今後の自社の方針を決めるときなどに役に立ちます。両者は車の両輪として、それぞれの特性を認識して経営に活用していきます。

定性情報は、先述したように「数値化のしにくい」もので、その分析は主観に大きく左右されます。「お客様からこう言われました」と新卒社員が述べるのと、入社10年、20年のベテラン社員が述べるのでは、同じ事象でもおのずと内容は違ってくる。私が重視するのは当然、後者です。とはいえ、社歴が長い・職責が高いことがそのまま重視の必要十分条件になるわけではない。私は「どちらがよりお客様に近いところで仕事をしているか」

を見ます。A課長・B課長は、社歴も能力も同じくらいです。A課長は社内で事務仕事をしているが、B課長は店長として毎日お客様訪問している――、この場合、私が信を置くのはB課長です。現場を知っている者のほうがより有用で確実な解釈ができる（可能性が高い）からです。

私がなにを言いたのか、おわかりになるでしょうか。それは、**定性情報には固有名詞がなくてはならない**、です。「お客様からこう言われました」。それは、だれが聞いてきた情報なのか。新人か、ベテランか。またそのお客様はどなたか。大口のロイヤルカスタマーなのか、それとも最近お客様になられたかたか。こうしたことを見分けるために必要なのは、固有名詞です。

定性情報は、書式を定めておくことも大切です。わが社はお客様からの言葉は、必ずカギカッコ「」でくくる。こうしておかないと、だれが、なにを話したかわからなくなって情報の精度が甘くなります。それから報告は「1件につき2行」。分量は短く、内容は端的にと決めておかないと、社員は「作文」をして、自分に都合の悪いことを報告しないから。

定性情報が主観に左右されることは避けられませんが、それでも工夫によって解釈のぶれ・揺れをある程度抑えることは不可能ではありません。

【定量情報】——「その数字が出てきた理由はなにか」まで考えて意思決定をする

数値によって計測、集計、分析が可能な情報（データ）を指します。（一）財務体制を充実して、現金と固定預金の合計で長期借入金を上回り、実質無借金経営にする。（二）節税で長期借入金を増やし、月商の3倍の現金・普通預金を確保し、緊急支払い能力を高める。

前ページでは【定性情報】についてお話ししました。それは数字では把握《はあく》しにくい情報であり、解釈する者の主観に大きく左右される。だから定性情報は必ず固有名詞が付帯していなくてはならない……、と。

定性情報と対《つい》になるのが、今回お話する「定量情報」。これは数字で把握することが容易な情報のことです。「そのままでも有用な情報」と考えてしまいがちですが、無論そんなことはない。**定量情報は定量情報で、なければ正しく活用することができません。**

本項を執筆しているのは2023年の春、まもなくダービーも開催されることで、競馬にたとえてお話しましょう。あなたは「ムサシノホマレ」という馬に注目しています。このムサシノホマレ、前回は中山競馬場の皐月賞2000メートルを1分59秒7で駆け抜けました。それであなたは、今日の東京競馬場の2400メートルは2分21秒くらいで走れると判断する。

ところが東京競馬場（左回り）のコースは中山競馬場（右回り）とは違い、坂道もあり直線が526メートルです。2000メートルを走っても、レコードタイムで1秒7速いと定量データを比較する。

ということは？　そうです。ムサシノホマレを捨てる選択はあり得ない。先に「調整をしなければ正しく活用することができ」ないと書いたのはまさにここです。

「2000メートルを1分59秒7」は、まぎれもなく定量情報そのものです。人はそれで、「数字だからそのまま利用できるはずだ」と短絡的《たんらくてき》に思い込んで安心し、それ以上の追求を止めてしまう。現実にはその数字は、様々な要因がからんで偶然それに決まったことも普通にあるが、しかしその「要因」にはなかなか目が向けられない。

数字を元に考えるのはとても重要なことですが、それはどの会社も大なり小なりやっている。それだけではライバルに差はつけにくい。ここで勝ちを拾いにいくならば「要因」を、**その数字が出てきた理由はなにかまで考えて意思決定をすべき**です。私が見るに、儲かっている会社と不景気な会社、両者の最大の違いは、数字の裏にあるものを読もうとする姿勢があるかどうかです。

【倒産】——八方手を尽くして、決断は早ければ早いほどいい

和議申請して再建を目指せば、最も被害を少なく止められ、社員も失業させないで済む。ところが、倒産という体面にこだわって無理をするから、本当に倒産する。債権者が社長に押し寄せ耐え切れなくなり、不幸な結果を迎えた人もいる。社員に債権者の取り立てはない。

いま、武蔵野は業績も良く、経営も安定していますが、つい30〜40年前は本当に不安定な状態でした。「いよいよ倒産だ」「今度こそもう終わりだ」と考えて、胃と心を痛めたときもありました。最悪の事態を避けることができたのは、たまたま幸運が重なって活かすことができたからです。

結果論を言えば、私は倒産を決断しなくて良かった。自社を倒産させることに及び腰になる社長は実に多いです。世間体が悪いとか、自分のキャリアに傷がつくとかの見栄があるのでしょう。また「生存バイアス」、まあ大丈夫だろう、なんとかなるだろうという心理が働き、希望的観測の夢に溺《おぼ》れる。

これは、2つの点で間違っています。まず「そもそも論」として、経営者の想定しうるリスクに対しては常に先回りで手を打って、**絶対に倒産しない資金と組織づくりを日ごろ**

から行なっておかなくてはならない。私のところに「このままだと倒産しかねない」と、真っ青になって相談を持ちかけてくる社長がいるが、私としては「そういう事態になる前に相談に来なさい」です。外に知恵を求めるのは良いことですが、倒産が目の前に迫ってきたところで慌てふためくのは、社長としては無責任に過ぎると断ずるほかはありません。「論外」です。でも、手を差し伸べて100%、危機回避をさせている。

もうひとつは、前段で述べたこととは矛盾するようですが、八方手を尽くしてそれでも**倒産が避けられないときは、その決断は早ければ早いほど傷も浅くて済む**。和議申請して再建を目指せば会社は残るし、社員の雇用や生活も守ることもできます。言うまでもないが、雇用を守ることは経営者の最重要ミッションです。ケチな体面にこだわって倒産の決定を遅らせれば、むしろより多方面に、より甚大《じんだい》な迷惑を及ぼしてしまいます。

会社を倒産させないために最重要なことは、とにかく**現金をしっかり持っておくこと**です。来月、再来月入ってくるであろう売上は「見解」に過ぎない。それを当てにしていると、それこそコロナ禍のような不測の事態が発生したときに対応できない（そして倒産する）。いっぽう現金はまさに「現実」、すなわちリアルマネーですから、持ってさえおけば各種決済も滞らず、給料も遅延《ちえん》なく払えるので（つまり社員のモチベーションも下がらない）、安全な経営ができます。

【粉飾決算】

――「赤字だと融資が打ち切られる」は誤り。赤字も黒字もあるのが普通

会社の損益状況や財政状態を実際よりよく見せようとして利益を過大に計上する会計行為。在庫の量を実在庫より多く計上するなど。やりたくなる気持ちはわかる。

なぜ粉飾決算をするのか。こと中小企業に関して言えば、やはり体面の問題が大きいのでしょう。赤字の会社では新卒社員も入ってくれないし、社長仲間と話をしていても肩身が狭いし、なにより金融機関からの覚えもめでたいものではなくなるだろう、などと。わけても「銀行が融資をしてくれなくなるかも」とは社長のDNAに刻まれた本能的な恐怖とも呼ぶべきもので、だからつい……となってしまうのは、まあ理解できないでもない。

ですが会社とは、**赤字のときもあれば黒字のときもあるのが自然**です。私の鞄持ち研修にもよく来る、つまりは熱心で優秀な社長の皆さんだって、10年に一度くらいは大きく業績を落としている。それは銀行だってよくよく承知していますから、「赤字、即融資引き上げ」にはなりません。その期は赤字決算で終えようが、来期の経営計画をしっかり作成して発表すれば（＝金融機関にも周知すれば）融資はちゃんと通ります。これは私が、複数の銀行の支店長から直接聞いている話です。

銀行だってプロなのです。小手先の粉飾決算など、決算書と現場とを確認すればすぐに

見破ります。そして「こういうことをする企業は信用ならない」と判断します。するとどうなるかというと、融資は打ち切られるわ、税金は余計に払うことになるわで、踏んだり蹴ったりになる。

ところで金融機関は、融資先企業のなにを見ていると思いますか？　帳簿類は熱心に見ますよ、もちろん。ですが、それと同等以上に「会社の雰囲気はどうか」を見ています。社員の目は生き生きとしているか。コーポレート・ガバナンスはきちんとしているか。スタッフの立ち居振る舞いはどうか。清掃や整理整頓は行き届いているか……。

私はよく「真実は現場にしかない」と言います。帳簿類とは、誤解を恐れずに言えば「見解」に近いものであって、「現場」とイコールではない。だからこの先、この企業に**融資を実行しても大丈夫かどうかの判断材料は、むしろ帳簿以外のところに多くある**。金融機関はそのことをよくわかっているから、なにかと理由をつけては会社に来ます。

わが社の経営計画発表会では、毎回、金融機関の支店長・副支店長を来賓としてご招待しています。毎年のように増収・増益を達成しているわが社ですから、帳簿はいくら精査されてもなんら後ろめたいところはない。私はむしろ、経営計画発表会の雰囲気はどうか、社員の様子はどうかということをご確認いただきたい、もって融資の判断材料のひとつにしていただきたいと願ってそうしているのです。

第四章

チームワークを良くする言葉

【中間報告】

――無駄な仕事をしないで済ませるための安全弁

指示されたことの経過を報告する。報告がないのはやっていないのと一緒です。

報告・連絡・相談、俗にいう「ほうれんそう」。社会人なら、早い段階から教え込まれることのひとつ……ですが、しかしなかなかできない人が多いです。特に「報告」「中間報告」は。

なぜできないのか。ひとつは「仕事をさぼっているから」です。そもそも報告できることはなにもしていない、当然、途中経過の報告のしようもないわけです。

これはまあ論外として、もうひとつ挙げられるのは「面倒だから」。別に悪気はないが、状況に大きな進展はないし、けっこう忙しいし、上司はもっと忙しそうにしているし、手が空いてからでいいや、ある程度の目処《めど》がついたころにまとめて報告すれば……、みたいな感じで報告を怠ってしまう。面倒くさくなり、忘れてしまう。

お気持ちはわかるが、感心できない態度です。あなたが**報告を怠ると、それだけ上司の状況把握も遅れる**ことに他ならず、それは組織にとっても、また他ならぬあなたにとっても不利益をもたらします。

どうして中間報告が大切なのか。理由は簡単、それをしなければ無駄働きが増えるからです。企業をとりまく経営環境は、日々目まぐるしく変化を続けています。今日「これこれをしなさい」と指示した内容が、翌日には無意味なものになるケースは珍しいことではない。こういう状況で中間報告を怠るとどうなるか。そう、繰り返しになりますが「無駄働き」が増えてしまいます。比較的**単純なビジネスモデルの会社だって、最初の指示がそのまま完遂できることは稀《まれ》**です。近年とくにそういう例が増えてきている。ということは、あなたの会社だったらもっと？

私は部下が中間報告を怠らないように、月1回、部署によっては月2回、毎週報告を受ける日を定めています。あなたの上司が、環境変化に併せて細かくチェックをし、指示を改めてしてくれる人ならいいでしょう。しかし上司だって忙しいです。悪意なく忘れることはあるし、「そんなこといちいちやってられないよ」というタイプだっている。「Aだ」と思って昨日までやっていたことが、今日になって「馬鹿、なにやってるんだ。Bだよ」と言われたら、あなただって心が折れるでしょう。でもそれは、上司が悪いのではない。中間報告を怠ったあなたが悪い。

私は過去、こんなことを言いました。「報告は、あなたの手柄を上司に認めさせることです」。中間報告についてはこう付け加える。**「報告は、あなたが無駄な働きをしないで済ませるための安全弁です」**と。

【ほうれんそう】
——それがなければ、あなたの仕事は「やってない」と同じ

仕事を進めるのに重要な三大要素、報告・連絡・相談です。「簡潔に」「結論を最初に」「課題や疑問」を必ず付け加える。仕事に慣れると、報告が最もおろそかになる。

前項【中間報告】で「報告は、自分の手柄を上司に認めさせる行為だ」という内容の記述をしました。日本は、ややもすれば人を先に立てて、自分は出しゃばらない姿勢が尊ばれます。しかし上司は、部下が多いからやっていることを理解しているようで、実はあまり理解していません。あなたはなにも**はばかることなく「これもやりました」「あれもやりました」と上司に報告してください**。そうしないと自分の出した成果がいつまでも評価してもらえないことになる。報告がないのは「やってない」のと同じです。

本項では別の切り口からお話ししましょう。「報告」「連絡」で多くの人の間違いは、「この程度の情報ならば報告しなくてもいいだろう」と、勝手に考えてしまうことです。来店したらいつも右の棚から見ていくお客様が、今日はなぜか左の棚に進んだ。一瞬「あれ?」とは思ったけれど、別に大したことではない、ただの気まぐれだろう。ならば報告する意味も必要もない……、みたいな感じで。ところが、課長職に見えている世界と、社長が見ている世界とはまるで違う。実は社長はそのとき、アイキャッチになる商品を左の棚に置

いていた。それに気づいたお客様がいつもと行動パターンを変えて反応したことは、今後の方針を決定する上で大きな意味を持っている。

このように、経験の浅い社員が考える「大したことではない」は、社長にとっては経営の屋台骨を揺るがすような「大ごと」だったりする。これは別に珍しくもなんともない話です。「あれ?」と思った**最初の直感を、あなたはどうか軽んじないでください**。

私は社員に言います。大したことか、大したことでないかの判断はこちらでするから、とにかくなんでも報告しなさい。特にお客様に関する情報は、どれほど些細《ささい》に思えることでも必ず報告しなさい、と。

「相談」。これも必ずしてください。一般社員とその上司、あるいは課長職と役員とでは、経験の量が質が圧倒的に違う。職責上位者は、その豊富な経験の中から最適と思われるやりかたをアドバイスするから、決して勝手な判断で動いたりしないように。十分身についていない知識や技術に頼ると、とんでもない失敗をする。

ところで「ほうれんそう」には続きがあるのをご存知ですか。「ほうれんそう」の「おひたし」です。「怒《おこ》」らない・「否《ひ》」定しない・「助《たす》」ける・「叱《しか》」らない、です。ここまで、一般社員の心得としての報告・連絡・相談について述べましたが、**上司の側も、部下がそうしやすい雰囲気をつくっておかなくてはいけません**。

【ボンクラ】——それは、部下を信用せず、部下に仕事をさせない管理職のこと

自分の力を過大評価して、他人を過小評価する人です。

リード文のボンクラの定義を踏まえつつ、では人はいったいどういうときにボンクラになるかわかりますか？　こと会社組織に関して言うと、意外に思われるかもしれませんが「昇進して管理職になったとき」が特にそうです。

新人管理職は、ややもすれば妙な気負いを持つのか、部下によく思われたいからこれを機に恩を売っておきたいと願う。それ自体は悪くない意気込みですが、しかし部下にしてみれば、昨日まではただの同僚・ただの先輩だったものに、今日からはちょっと役職がついた程度のことでしかありません。

そんなことで「見る目」が変わるわけがない。**部下が新人管理職を尊敬するかは、その後の本人のふるまいひとつ**にかかってきます。

そこで「ボンクラ」な新人管理職はどうするか。部下に仕事を割り振らずに、自分でなんでもやってしまいます。これは、仕事を肩代わりしてやることで部下の歓心を買う気持ちもあるし、それこそ「他人を過小評価」で、こんな困難な仕事は経験の浅い部下には任せられないと思い込んでいる（＝自分の力を過大評価）場合もある。

どちらのつもりとしても、一人で仕事を抱え込んで部下にはやらせない管理職は下の下です。これはわたしの持論ですが、会社にはだいたい同じような資質の人が集まってくるもの。だから新人管理職にできて一般社員にはできない仕事なんてそう多くはない。実際にやらせれば、みなちゃんとできる。

やらせて失敗したら？　そんなときはいったん引っ込める。そして1週間後にもう一度やらせる。すると過去の失敗の経験が活《い》きているから、まあまあ上手《うま》くやれる。この繰り返しで人は成長していくし、またそういう采配《さいはい》ができて管理職です。部下は、ああ、〇〇課長に育ててもらったと恩を感じるようになる。

そもそも論を言えば、**管理職は「仕事」はしてはいけません。仕事をするのは部下です**。社員はもとより、パート・アルバイトに対しても怠らず目を配り、目一杯働いてもらう。**管理職は、仕事を「させる」のが仕事です**。

部下が仕事をしているのを尻目に、自分は中途半端な仕事を優雅にこなす。それでいて業績はきちんと出す。これができる人が優秀な管理職です。

大切なことで繰り返します。管理職が「あの人にこの仕事は無理だろう」と思うのは間違いです。「しかたがない、俺がやろう」と思うのはもっと間違いです。無理かどうかはさせてみないとわかりません。最初からなんでもできる人は、一人もいません。**できた部下を褒《ほ》めてあげる管理職は一流です**。

【挨拶】——ゼロコスト・ノーリスクで業績を向上させられる手段

コミュニケーションを良くするための、一番重要なことです。挨拶は相手より先に元気よく、明るく大きな声でするものです。相手が立っていたら自分も立って、座っていたらかがんで目線を合わせる。

朝起きてあなたは、奥さん、お子さんに挨拶しますか？　わが家は、一人娘が幼かったころは「朝の挨拶がないとご飯は抜きだよ」と妻が躾《しつ》けていました。なぜならば挨拶は、習慣です。自宅で毎日きちんと行なって、習慣として身につけておくことが大切です。

ときどき、挨拶してもろくに返してこない人がいます。こちらが「おはようございます」「こんにちは」と挨拶しても、口の中でなんとなくむにゃむにゃと返してくるだけ……。地位の向上とともに挨拶の習慣がなくなっていったのでしょう。もったいないことです。

挨拶は、いくらしてもコストは一切かからない。それでいて、すればするほど相手はいい気持ちになり、心も開いてくれる。それだけ業績にもいい影響を与える。すぐそこにゼロコスト・ノーリスクで可能な業績の向上方法があるのにやらないで、わざわざお金をかけてキャンペーンをやるのは、私にとってはまったく理解の外です。

もっとも私もあまり偉そうなことは言えません。昔のわが社も、ろくに挨拶のできない社員ばかりでしたから。だいたい皆、「おはようございます」の挨拶もなくすーっと出社してきて、「お先に失礼します」「お疲れさまです」もなくすっーと帰っていく、あたかも幽霊が勤めているかのような会社でした。

武蔵野がバックヤードツアーを始めた頃、社員・パートタイマーは見学者が来ても立って挨拶はしませんでした。私は来社されたかた一人につき100円を支払うことを提案しました。45人の来社は4500円です。社員・パートタイマーは、このお金を貯めて年に数回高級レストランで食事をしました。不純な動機で始めたことが、いまは立派な文化として根付いています。

全員がきちんと挨拶ができるようになるまで、実に5年もかかりました。これだけの時間をかけて粘り強く指導した。わが社にはじめて来られたかたは、社員がみな元気に大きな声で挨拶をすると誉めてくださいますが、あれは訓練の賜物《たまもの》なのです。とにかく**手段はどうでもいいから「挨拶する」という文化をつくること**。それができれば挨拶が社内に定着し、やがて当たり前にできるようになる。

挨拶の習慣を社員につけさせるさい、気をつけたのは**「平等」**です。私は社員の氏名を記したマトリックス表をつくり、挨拶の相手・回数に差が出ないよう配慮していました。Aさんには挨拶したのにBさんにはしなかったといことがあれば、悪意はなくてもBさんは嫌な気分になるし、それでは本人に挨拶の習慣も身につかないです。

【経営理念】――会社の「憲法」で社員の価値観をひとつに

会社の経営に対する、基本的な姿勢のことです。違う目的、違う立場の人が一緒に仕事をする時に必要です。変わってはいけないものです。変わらなくてはいけないのは、戦略・戦術です。

Aさんの考えかたはこう。Bさんはこう考える。Cさんはこう……。それぞれみんな違います。金子みすゞの有名な詩ではありませんが、それでいい。人間は、世の中は、だれもが違っていて、それぞれが尊重されることが正しい。

ですが、会社はそういうわけにはいきません。**中小企業が「みんな違ってみんないい」を認めていたらあっという間に倒産**です。リソースに劣る中小企業は、社長が示す方針に全員が力を一点集中、突破することにしか勝ち残りの道はない。私がしばしば「社員全員の価値観が揃っていなければならない」と強調するのは、実にここに根拠があります。

ややもすれば「多様性が」とか「個人の尊重が」と批判を受けたりもする。しかし私はなにも、支持政党を変えよとか個人的な信仰を捨てよとか、贔屓《ひいき》のプロ野球チームを見限れとかは要求していません。会社にいる間は社長の示す方針に従って働いてください、と単純明快な話をしています。多様性とか個人の尊重とかいった難しい話は、そもそもの次元が違う。

社員の価値観をひとつにするために有用なのが経営理念です。そして「経営理念のもとに、この方針でやっていきます」の宣言が経営計画書。**経営理念は憲法の根本思想のようなもの**ですから、軽々に変わっては困ります。

変わらなくてはいけない・変えなくてはいけないのは戦略・戦術です。市場は、社会は、お客様は日々急速に変化を続けているから、それに合わせて組織をどんどん変えていく。変えるにしても、その変化は経営理念にかなうものか、反したものではないかという振り返りは必要です。

経営理念は、必須のものではありません。特に、組織が立ち上がったばかりとか、規模が小さいときは無理してつくる必要はない。以前、ある社長が言いました。「わが社には経営理念がないが、どうしたらいいですか?」。私は答えました。「必要ありません」。**経営理念は、社長がそれを必要と思ったときにつくればいい**です。

経営を続けていくうちに、やがて社長の中で考えが定まってくる。経営理念は、そうなってから定めるくらいがむしろ望ましいでしょう。それは、前述したように「軽々に変わって」はいけないものだからです。

【人が育つ】――未熟な人材を積極的にお客様の前に出して失敗させる

仕事を任せることです。上司ができないものでなく、できていることを下に渡してやる。そして、辛い思いや嫌な思いも合わせて経験させる。

一般社員を店長や管理職に抜擢《ばってき》すると、まあ本人は喜びますね。張り切りもします。それはとても結構な話で、抜擢しがいもあるわけですが、困るのは「新店長病」にかかる人が少なくないことです。

「新店長病」とはなにか。端的に言えば、部下に仕事をさせない・させたがらない病気です。「いちいち教えている暇がない」とか「俺がやったほうが早くて確実だ」とかいって、部下から仕事を取り上げて自分でやってしまう。

それは、好意的に解釈すれば「質・量ともに地位に見合うだけの仕事をしよう」の意欲の表れで、着任早々ミスはしたくない思いもある。しかし、やはりそれは誤りだと言わざるを得ない。**部下に仕事をさせないのは、部下の成長機会を奪うに等しい、とんでもないこと**だからです。

お気持ちは重々理解できます。「こんな未熟な人をお客様の前に出すわけにはいかない」とは、まったく仰《おっしゃ》るとおり。ですが部下は、お客様と接する仕事をさせることで一番よく育つ。仕事のやりかたを教えてくださるのは、お客様に他ならないからです。お客様から叱られる。褒《ほ》められる。ご要望をいただく。それらはすべて、「こういうふうに仕事をしなさい」という教えです。

店長や管理職の職位になった社員はルーティン業務をしてはいけません。182ページ【ボンクラ】でも述べたように、配達・集金といった細かな仕事は部下に任せておけばいい。ではなにをやるべきか。ひとつは非常事態への対応です。非常事態って？　一番わかりやすく、よくあることは、クレームです。部下がお客様のところで「問題を起こす」。その部下の代わりに叱られに行く、謝罪に行く。そうして大きな失敗を収める。これが店長や管理職の大切な任務です。

こういえば「彼は未熟で、まだお客様の前には出せない」と考えて仕事をさせないのは、とんだ心得違いであることも理解できる。**「お客様の前には出せない」と思う人材ほど、積極的にお客様の相手をさせる。**お客様に叱られる・褒められる体験をたくさんさせて、部下の成長を促《うなが》してやる。これが、社長が管理職に対して一番期待していることです。

部下を持つ身になったら、駄目だ、まだ無理だと思ってもやらせてみる度量を持つのがいいです。実際にやらせてみたら上手くいった事例は山のようにあります。

【人件費】——人材教育をしなければ「死に金」になるもの

最も固定的な数字です。会社で働く人にかかる費用、給料、福利厚生費、募集費、教育費などを合計した金額です。経費のうちで最も大きい部分を占める。普通、粗利益額の50％よりも少ないことが適正とされている。

今月、いきなり売上が倍になったら給料も倍になりますか？　なりません。売上が倍になったのは偶然の要素が大きいです。そんな近視眼的な判断で給料を増やしていては、翌月以降に困ります。**給料は、売上とは正比例の関係にはない**。

逆に、今月の売上が突然半分になったら給料も半分になりますか？　これもありません。毎月規程の額を給料として払います、は端的に「契約」ですから、おろそかにはできません。経営者は借金してでも、私財を投げ出してでもきちんと給料を払う必要がある。

このように、一度計画を立てたら100％達成するのが「給料」です。これが会社の中で一番正確な数字です。そして給料を含む人件費は会社の中でもっとも大きな経費です。どれくらい大きいか。本項執筆時点でわが社の人件費は、年間約23億円です。なんだ、そんなものか、ですって？　いやまあ、そこは中小企業ですから。

わが社は毎朝30分、社員教育の一環として環境整備を実施している。これは就業時間中に行なうもので、それは給料支給の対象です。1日の労働時間を8時間とすると、驚くべし、わが社は環境整備の時間で年間に2億8463万円もの給料を払っていることになる。別な言いかたをすれば、わが社は、社員に3億円以上近くも払って「勉強してもらってい る」のです。こう考えると、中小企業ながらなかなか大変な教育投資をしているとご理解いただけるでしょう。

なぜこんなに教育投資をしているか。年間約23億円の人件費をムダにしたくないからです。**教育をしなければ、使った人件費は活かされません**。

会社は、仕事をするところではない。成果を出すためのところだ。成果を出すとは、お客様に喜んでいただくこと――。こういう価値観は教育しなければ身につきません。そしてこの価値観のあるなしは、仕事のしかた・進めかたにも大きな違いとなって現れます。**「お客様に喜んでいただく」とは「面倒くさいことを避けずにやる」に他ならない**が、それも毎日の環境整備が有効に働きます。環境整備点検日に指摘された項目は、点検終了後に環境整備チームが振り返りを行ない、点検項目・運営の不具合や素晴らしい取り組みを当日の20時までに写真で報告をする。環境整備点検の翌営業日は環境整備の時間を使い、点検フィードバックを視聴する。環境整備は「面倒くさい作業」です。面倒くさい作業をやることによって、ある種の耐性・習慣といったものが社員個々人の中に根づいていく。

【長所】 ——長所がない人はいない。部下の長所を見つけられない管理職は鈍い

褒《ほ》めることによって特徴が引き出される。褒められた人は、うぬぼれるより、期待に応えようとの意欲を強く抱く。

もうかなり以前、偶然目にした漫画雑誌で、この言葉に出会いました。**「ありがとうとごめんなさいはタダなんやから、いくらでもいうたらええねん」**。

真理だなあ、と感服しました。感謝の言葉を口にするのも謝罪の意を伝えるのも、お金は一切かからない。にもかかわらずそれをすれば人間関係は改善し、コミュニケーションは円滑になる。だったらむしろ積極的に「ありがとう」「ごめんなさい」を言える機会を探しにいくくらいが望ましい。私はそこに「褒める」もつけ加えたいです。よくできました。頑張ったね。成長したね、等々。

「褒める」も、言うだけならコストは一銭もかからないから、積極的に褒めるべきところを探して、その都度伝えればいい。昔ながらの古い価値観の人は「あまり褒めると調子に乗ってつけあがる」なんて考えたりします（そして褒めない）が、実際には人は、一たび褒められたら「また褒められるように頑張ろう」と意欲を新たにするものです。

「そんなこといったって」と、あなたは反論するかもしれない。「俺の部下はどいつもこ

いつも使えない。とても褒めることなんかできない」。私もまた使えない部下を大量に抱える身としてお気持ちはある程度は理解しますが、しかし「褒めることなんかできない」は違う。長所ばかりの人がこの世にいないのと同じように、短所しかない人もまたこの世には存在しません。

人間の長所は、ややもすれば「当たり前」になっていて、なかなか気づきづらいことはある。だとしても、あなたが「部下に褒めるところがない」と言うなら、それは部下本人の資質うんぬん以前に、上司としてのあなたが鈍いです。**部下のいいところ探しができないなんて、人の上に立つ資格はないと断じられてもしかたがありません。**部下の短所を悪く言うよりも、**長所を見つけて、褒めて、伸ばしてやる。そのほうがずっと簡単かつ確実に業績が伸びます。**

「褒めるのはお金はかからない」とはいえ、私は曲がりなりにも社長で、多少のコストをかけて褒めています。それは、サンクスカードに感謝の言葉を書いて、葉書に貼りつけて社員の自宅に送ること。葉書を最初に目にするのは家族です。「お父さん、社長に褒められるくらい頑張ってる」と思う。すると彼の家庭内での地位は（若干は）向上する……、という効果を狙っています。現在は、サンクスカードアプリを多く使用しています。毎月幹部社員から○○さんに△△という内容でサンクスカードを送ってくださいと依頼（命令）が来ます。サンクスカードアプリを使用するときは絵文字も入れて送ります。

【報告が速い】——それができる人を「優秀な人」と呼ぶ

現場などから事実だけを連絡する。内容が完全に整ってから報告をしようとしてはいけない。不完全でも、不完全とわかっていれば問題がない。内容よりもスピードが重視されることのほうがはるかに多い。

訪問先のお客様の前で不手際をしてしまった。先方は相当にお怒りだったが必死に謝ってなんとか事なきを得た。これはすぐに報告すべきだが、次のお客様とのアポイントも迫っている。仕事が一段落してから報告しよう……。これ、多くの（未熟な）社員がしばしば犯してしまいがちな過《あやま》ちです。

報告は、社員の都合ではなく、上司の、ひいては社長の都合です。できるだけ早く事実を報告する。まさか次のお客様のアポイントが数十秒後のことはないでしょう。1分、2分、電話したりメールを書く時間をつくりだすことができないはずがない。完璧でなくていい。上司に報告し、次の指示を仰ぐことが大切です。上司は、中間報告が来れば次の追加指示をします。特にクレームは、初動の早さがものをいうことがしばしばある。あなたが報告を後回しにすれば事態は一層悪化しかねません。

よく「〇〇さんは優秀な人だ」と言ったりしますね。「優秀」ってどういうことだと思いますか。能力がある人？　それとも仕事ができる人？　いいえ、どちらも優秀さとはまったく関係がありません。**優秀な人は、物事に早く取り組むことができる人**です。スピードを大切にしているかどうかです。だから、仕事が一段落していなくともいち早く「お客様にお叱りを受けました」と上司に報告できる人は、優秀です。

報告は、一度すればいいものではありません。最初に報告をし、次に「中間報告」あるいは「確認の報告」をしなければなりません。毎日5分ずつ主だったことを報告するなど、**こまめに報告をするのが優秀な人です**。

報告は、業務上の事柄に限りません。自分の考えていること・願っていることなどもどんどん報告してください。以前、とあるグループ懇親会で、私に「成績を上げたいのですが、どうしたらいいでしょうか」と質問した社員がいました。私は「こうしなさい」「ああしなさい」とアドバイスをし、直属の上司にも彼が成績を伸ばせるよう協力することを指示しました。果たして彼は、その期の優秀社員賞を受賞しました。

半期が終わってから「私は優秀社員賞を獲りたかった」と報告しても手遅れなのは明らかです。彼が受賞の栄誉に輝いたのは、報告が早かったからです。**報告は部下に求めることに**他なりません。

【サシ飲み】

――部門内のコミュニケーションが円滑になり、組織が活性化する

部下と一対一で話を聞く場で、夢と希望を共有する場になる。1回目は30分ずつ自己紹介をする。費用は会社負担。お互いの共通点を見つけることが大事です。2回目はプライベートな話や今後の目標など、普段は聞けないことを聞くことです。

サシ飲みの「キモ」は、互いに自己開示シートを使い、自己紹介をさせると決めていることです。**自己開示をなにから始めるかを決めるのは部下です。**出身はどこ、学生時代にやっていた部活はなに、趣味はこれ、好きな音楽はあれ……。と、このように30分も話をしていくと、上司と部下、年齢は多少離れていても、どこかで必ず共通点が見つかります。

「えっ、おまえ宝塚のファンなの？　いや嬉しいな、俺もなんだよ」

「男だと人前ではなかなかファンを公言しづらくて辛いですよね」

「そうだよなー。ところでどうだ、今度の星組の公演だけど……」

「行きますか、男同士で！」

みたいな感じで。別な言いかたをすれば、これは「クラッチが合った」状態です。そこで駆動力をかけて、相互の理解と親睦の度合いとを深めていく。こういうことを部下の一人ひとりと手間暇を惜《お》しまずにやってコミュニケーションを円滑化させている管理職と、

面倒くさがってやらない管理職。両者の「違い」ときたら、それはもう相当なものです。

サシ飲みの費用は会社負担ですが、この費用は勘定科目では「福利厚生費」です。ですが、私の感覚ではこれは「教育研修費」です。サシ飲みは、上司と部下とが互いのことを知り、学び、組織のこと・仕事のこと、その他いろいろなことを学ぶ場ですから。

わが社の社員教育は「強制」です。 社員は【サシ飲み】。パートタイマーとは「サシランチ」の機会もつくって、強制的に「勉強」させています。開催時間は17時から21時までで最大90分とし終了後に退勤とする。サシ飲みは仕事なので残業代金を支払う。その結果としてコミュニケーションが円滑化するとは前述のとおりですが、そのまま組織の活性化にもつながる。わが社は「部下は最低3つの質問を用意する」「上司はそれに答える」**「上司はしゃべり過ぎない」と、決めています。** 放っておけばつい説教したくなるのが上司です。

普通の会社は、ただ社員に飲食させているだけです。だから「福利厚生費」がただの「福利厚生費」になる。「利」益がない、「利」益に連続しないです。**ところがわが社は、飲食と同時に勉強もさせるから、正しく「福〝利〟厚生費」になっている。**

このように、あらゆる機会を人材育成の糧にしていることが、わが社の強さの理由です。使えるものはなんでも使う貪欲《どんよく》さが大切です。

【スター】 ――組織の一員である以上は、スターではなくリーダーを目指すこと

人にできないことをやる。人にできることをやる人はリーダーになる。

2010年ころのことでしたでしょうか、いわゆる「ご当地ゆるキャラ」が大ブームになっていたときに、私はとあるビジネス系出版社のポータルサイトに持っていた連載で、こんなことを書きました。**「ふなっしーはいらない。くまモンがほしい」**。

ご存知のかたも多いと思いますが、ふなっしーは千葉県船橋市の「非公認」ご当地キャラです。飛《と》んだり跳《は》ねたり歌ったり踊ったり、おまけに弁も立つとあって、その個性は唯一無二です。そうであるがゆえにふなっしーには替えが効きません。「中の人」がもし怪我でもしたら、以降はもう仕事はできなくなる。

一方、熊本県を代表するご当地キャラのくまモンは、個性の点ではふなっしーに大きく水をあけられていますが、そのぶん非常に安定しており、「中の人」に万一のことがあっても仕事ができなくなる心配はありません。

ふなっしーは、ご当地キャラ界のスターです。よくしゃべる・すばやく動くという、かつてないことをやったからスターになれた。後追いで、しゃべる・動くご当地キャラも登場しましたが、ついにふなっしーほどの人気を博すことはできなかった。**他人を追いかけ**

ている人・みんなと同じことをしている人はスターにはなれません。異質だからスターになれる。くまモンは、可愛らしくある・愛想を振りまくという、努力次第でだれもができることを抜きん出て実行した。だから彼はご当地キャラ界のリーダーだ。

私がなにを言いたいのかわかりますか。会社は、よほど特殊な業種・業態でもない限りはスターは必要としていない。なぜ？　言うまでもないでしょう、一人の抜きん出たスターに頼る経営は危なっかしくてしかたがないからです。単純な話、彼の身になにかあれば収入の途が絶えるではありませんか。

だからあなたは、**組織の一員である限りはスターを目指しては絶対にいけません。**リーダーを目指してください。

リーダーとはなにか。本項冒頭の定義では「人にできることをやる人」ですが、これをもう少し噛み砕いて言うと「みずから実行・体験し、身体で覚えたものを別の人に伝えていくこと」です。ここで大切なのは「みずから実行・体験」で、これがないと机上の空論を振り回す、はた迷惑なリーダーになってしまいます。

理想論をいくら暗記しても人生は変わりません。知ったこと・学んだことをみずから実行し、成果が出たことを部下に伝えていく。その部下もまたみずから実行し、成果を出していく――、このトリクルダウンをつくり出すことが大切です。

【ドラフト】——新卒の配属先は「上」の思惑によって一方的に決定するのが正しい

入社前、1月の全社員勉強会で内定者の配属先を決定する。名前が貼り出され、その内定者を欲しい責任者は取り合う。指名が2人以上になった場合はじゃんけんで決める。

わが社は、新卒内定者の配属はドラフト制によって決めます。このドラフト制、プロ野球のドラフト会議と同じです。始めた当初はホテルの会場を借りて、全新卒社員、全部門の責任者ならびにスタッフが集まってルーキーを取り合う一大イベントです。複数の部門から「一位指名」がかかると、じゃんけんになります。大の大人が真剣にじゃんけんをするので、内定者の中には（自分がこんなにも求められている）と感涙にむせぶ人もいる。

これにはタネがあります。わが社で、部門が新卒社員を獲得すると、彼、彼女の人件費の半分が社長戦略費で半年間にわたり補填《ほてん》される制度になっている。固定費が安く済むので、A評価・S評価が取りやすくなる。つまり**部門の責任者は、新卒社員ではなくA評価・S評価を奪い合っていた。知らぬは新卒ばかりなり**、ですが、それで本人のモチベーションが高く維持でき、さらには仕事にも熱意を持って邁進《まいしん》できるからなんの問題もありません。

ずいぶん昔のことですが、新人の配属先を決めるにあたり「逆指名制」をやったことがあります。新人自らが所属部門を選択するやりかたです。自分自身で行きたい部門、やりたい仕事を選べば満足度も向上し、退職率も減らせるだろう……、というもくろみだったが、これは見事に裏目に出ました。逆指名制で配属を決めた新人は一人の例外もなく、1年以内に辞めていきました。なぜだろう、と考えたらあっさり思い当たりました。まさに「自分で選ばせていた」からです。外から見るといかにもいい職場環境のように見えても、いざ中に入れば嫌なことは必ずある。さらに「その職場環境を選んだのは他ならぬ自分」との事実があると、もう言い訳ができなくなります。逃げ場もなくなる。それでストレスが増大して辞めてしまった。

私は、以前就活生セミナーでこう話していました。「適性があるとも思えない部門に無理やり配属されるのは、会社でよくある話。皆さんはそれを不条理に思うかもしれない。でも本当はそれが一番いいんだよ」と。現在の若者は違います。仲間外れになることを嫌います。2023年に新入社員17名を採用して4チームに分けて3カ月間多くの職場を体験させます。みんなで苦労を分け合うと力を合わせるようになり、退職者はゼロです。

ドラフト制により、各部門長にはある種の責任が生じるようになったことも私としては良かった。万が一新人が「使えなかった」としても、そんな人材を選んだ部門長が悪いことになるからです。当然彼は、嫌でも新人の面倒を手取り足取り見てやらざるを得ない。

つまりわが社は、**ドラフト制を導入した瞬間から「使えない新人」はいなくなった。**

【去る者は追いかける】

——働いてくれる人を逃さないことが今後の中小企業の生命線

「辞める」という人には、理由を聞き、極力その人に合わせた対応をする。勤めてまだ日が浅い人は、事情がよくわかっていないので上司が話を聞く。

辞める人材は、強固な意志や理由があって職を辞する訳では必ずしもありません。ただ漫然と「この仕事も飽きたな」「別のところでキャリアアップしようかな」と思い始めて、そんな気持ちをこぼしたり、相談する相手が社内にいないから、つい**孤独の中に埋没してそのまま辞めてしまう**。これはいかにも惜《お》しいことです。それは、自分の勤め先が根本的に嫌になって辞めるのではないから。ただなんとなく、「気分」で辞めてしまうに過ぎない。逆に言えば、ちょっとした気づかいが職場にあるだけで、彼は、彼女は辞めなくとも済んだでしょう。

部門を率いる管理職は重大な責任を負っています。**部下に対しては常に注意深く気遣《きづか》ってやる**。このようにして些細《ささい》な変化も即座に気づき、声をかける・相談に乗ってやる時間を優先的につくらなくてはいけない。それで改善できるところは当然改善して、彼・彼女が働きやすい環境づくりに心を砕いてやる。

特に新卒や中途入社など、**勤めて日の浅い人材に対しては、管理職はとりわけ繊細《せんさい》に目**

を配らせる。管理職や先輩社員にとって「当たり前」になっていることは、新人にとってはややもすれば「未知の領域」です。知らないこと・理解できないことが当然のように運用されているのは、新人にとっては不満要素です。放置しておくと、はっきりとした退職の理由になる。つまるところ人材が辞めるか辞めないかは、上に立つ者が部下をきちんと「観察」しているかがとても大きいです。

数年前、東京ディズニーランド（ＴＤＬ）が入園料を値上げしたことがニュースになりました。あれ、経営が苦しくなったから値上げしたのではありません。人件費を増やす原資を確保するべく値上げした。なぜ？　言うまでもないでしょう。**給料を上げないと従業員満足度が下がり、人材が辞めてしまう**に決まってるじゃないですか。

皆さんは、ＴＤＬは黙っていても働きたい人が殺到してくる会社、って思っているでしょう。そのＴＤＬですら確保した人材を逃すまいと策を打っている。入園料の値上げは、お客様満足度を一番下げることです。それよりも人材を逃さないほうが大切と考えている。「さすがＴＤＬ」と思います。

いや、ＴＤＬに限りません。同様の話は大手流通業者からも、有名製造業者からも、はたまた一流サービス業者からも聞こえてきます。「働いてくれる人を逃さない」は、どの企業にとっても生命線になっている。そういう時代にはっきりと変わってきました。

【五月病】——対策を打って社員のモチベーションを維持しないと人材を失う

学生と社会人では、生活環境や価値観が１８０度変わるからです。

なぜ新人は5月前後に自信喪失して辞めるか。生活環境や価値観が180度変わったことに馴染めないでいるところにもって、間の悪いことにGWがある。それで帰省して、学生時代の友人らと飲み会をやるからです。「俺さあ、いまの仕事に向いてないような気がして……、いっそ辞めようかと思っているんだよ」。すると友人が、酔いにまかせて適当なことを言います。「辞めてこっちに戻ってこいよ」。本人も勇気を得て辞める……。

いや、ほんとそんなものですから！

会社は、手間もコストもかけて「この人ならば」と見込んで採用している。そんな低レベルなやりとりで辞められてはたまったものではない……、しかし、これは対策を打っていない会社側が悪い。

わが社は、5月に辞めた新人はかつて一人もいません。それは、そもそも「辞めない」人材を見極めて採用しているとか、自信喪失しないようにフォローする体制を整えているとかいったこともありますが、なにより大きいのは5月にダスキン事業部等が販促キャンペーンを設定していることです。

このキャンペーンは、端的に「お祭り」です。期間中、各支店は毎日、社内のライバル店の成績を確認して大盛り上がりを見せる。そんな雰囲気の中、「辞める」って言い出せますか？　ちょっと難しいです。キャンペーンが終わったら辞めるだろ、って？　そうですね、そういう人が過去にいなかったわけではありません。でも、部門が優秀な成績を上げて支店賞を獲ったら？　金一封が出て、祝勝会をやったら？　これは達成感も、「報《むく》われた」感もありますよ。いろいろ不満はないではないけれど、もう少し頑張ってみようかという気にもなります。

支店賞は当然で、個人賞も成績5位まである。さらに商品ごとに、一番売り上げた社員にも賞がある。もう「顕彰《けんしょう》する」という賞本来の目的ではなく、「賞を与えてやる気を出させる」目的でやっているので、部門でも個人でも賞に無縁でいるほうが難しい。それでみんな最低1万円は貰って、天に昇るテンションで夜の懇親会に参加する。

さらにですよ、そのキャンペーンが――、つまり楽しいお祭り騒ぎと小遣いのチャンスが年に4回あったら？　もう言うまでもないですよね。

わが社の社員の定着率がいいのは、このように「やりがいを感じさせる」ための仕組みがたくさん用意されているからです。モチベーションを大いに奮《ふる》い立たせる策を打たなければ、獲得した人材は次々と辞めていくばかりです。

【人を大切にする】

――「大切にしている」という気持ちは、具体的な形にする

部下全員のフルネームを書けますか？　書けないのは愛がない証拠です。親兄弟の名前を書けない人はいない。私は社員の上から50名は奥さんの名前が言えます。個人情報の記憶量は社内ナンバーワンで、新卒のAくんとBさんの恋愛まで知っている。

私は、わが社の管理職に向かって「部下を大事に構ってやりなさい」と指示します。すると彼らはたいてい「やっています」「やっているつもりです」と反発してくるが、本人の自己評価として言う「やっています」は、実際に「やっている」とは違うし、「やっているつもり」は「やっている」とさらに大きく違います。

そこで私は言います。

「それは大変結構。やっているんだね」**「じゃあ部下全員の名前を書いてみなさい」「当然フルネームで」「もちろん漢字で」**。

これができた管理職、過去に数名しかいません。口先では「私は部下を大切にしています」と言いながら、実際はこんなものです。

部下のフルネームを漢字で書ける程度のことは、本質的な問題ではないという反論もあるかもしれない。ですが名前は、組織を管理する上で最小限の単位ではありませんか。管

理職として、部下に一定の（あるべき）関心を持っていたら、書けないほうがおかしい。

私は「心は、形にしないと伝わらない」と言います。早朝勉強会でも、セミナーでも、本書でも何度か書いている。そんな私からすると、部下のフルネームすら書けない管理職が「部下を大切にしている」と言ったところで虚《むな》しいものです。最低限の形すらつくることができていないから。

じゃあ、小山はどうなんだ、と言われそうなので書いておきます。

わが社は、パート・アルバイトも含めれば800名ほどと、「そこそこ」の規模で、さすがに全員の名前を諳《そら》んじることはできない。それでも、5割は顔と名前を一致させることができています。部長職社員の奥さんの名前も承知している。私も古稀《こき》をいくつか越え、若いころと比べれば記憶力もだいぶ衰えてはきましたが、それでもこれだけ覚えているのはなかなか大したものだと思いませんか？

もちろん「記憶しているだけ」では形として不充分で、誕生日（本人・配偶者）など節目の日にはお祝いの葉書も送っています。その他あれやこれやと具体的な形を取って、「私はあなたに関心を持っています」ということを伝えています。人間は、なにが嫌いって「無視される」ことが一番嫌いですから。

【ソリッドボイス】

——肉声ゆえに「情緒」が伝わる。真意が伝わる

iPhone・iPad、電話機（固定電話・携帯電話）から手軽に操作することができる「Eメール」と「ボイスメール」の機能を複合したビジネスコミュニケーションツール。スマートフォン一つで、Eメール同様に送信、受信、転送、一斉送信を音声メールでやりとりでき、保存も可能です。定額通信料を利用すれば「通話料無料」です。

ＩＴの高度な発達により、「情報」は信じられないほどスムーズかつ正確に、しかも格安で伝達できるようになりました。お客様からのご注文の電話を受けて、一番お客様の近くにいる営業担当者を差し向けることも、「もっと詳しい情報が知りたい」と仰《おっしゃ》るお客様にタブレットから動画をご視聴いただくことも、パリのメトロで移動中に稟議《りんぎ》書を決裁するのも、わが社はもう日常的な風景です。これらと同じことを30年前にやろうとすれば、いったいどれだけの手間とコストがかかったことでしょう。まこと情報技術の発達は中小企業に大きな恩恵をもたらしました。

これほどまでにテクノロジーが発達しても、なかなか伝えられないもの・伝えにくいもの、ややもすれば**発信者の意図とは正反対に伝わってしまうもの**があります。それは、「情報」と呼応する言葉で言うなら、**「情緒」**です。

では「情緒」とはなんでしょうか。明瞭《めいりょう》な形を持たない話の流れとか、文脈とか、発信者の意図といったものです。これが伝わるか伝わらないかで、言葉を受け取る側の印象は180度違ってくることもあります。私は、講演やセミナーでは、社員はもとより、ご来場のお客様もジョークのネタにしたり、ときにはエピソードもご紹介する。それでも皆さんが腹を立てないどころか、むしろ笑顔で傾聴くださっているのは、私が「情緒」をも一緒にお伝えしているからです。皆さんは、私の表情とか、声色とか、身振り手振りとか、タイミングとかいったことから、「小山は冗談で言っている」と、言葉以上のものをきちんと読み取っておられる。だから怒らない。残念ながらこういうことは、他のツールではなかなか伝わりません。

情緒を伝えるのは、ときに情報を伝えるのと同じくらいに重要です。なぜならばそれは真意を伝えることに他ならず、また真意が伝わるから人はモチベーションを維持できます。

ボイスメールは、肉声をやりとりするツールです。聞くときはそれなりに時間も取られるが、歩きながらでも聞くことができる。わが社がこれほど高度に情報武装をしていながら、なぜ（一見）そんな古くさいツールを重用しているか。それはまさに肉声が情緒をうまく伝えてくれるからです。

【つらい】——つらい体験をしないと人に優しくできない。楽しく仕事もできない

つらい時ほど、人の情けが身にしみる。やさしい励ましで、なえかけた気持ちにまた張りが出てくる。

わが社の社員は一人の例外もなく、挫折や敗北を味わって悔し涙に暮れる経験をしています。そしてそれは、多分に意図的に「そうなるように」仕向けている。この新規事業を任せられるのはきみしかいない、と調子のいいことを言って難しい仕事の責任者にして失敗させたり、右も左もわからない新卒社員にモップを数セット渡して「全部売れるまで頑張れ」と見知らぬ街に放り出したり……。

なぜそういうことをしているか。自分の身から**つらい体験をしないと、他の人が失意にあるときに優しく励ましてあげられない**からです。

わが社の管理職は、そのキャリアの中でたいてい一度や二度はC評価、D評価を取ります（いや、前述の通り「取らせて」います）。これはもちろん本人にとっては大変な屈辱ですが、そういう体験をした管理職は部下がC・D評価を取ったとき、親身になって慰めたり励ましたり、あるいは真摯《しんし》にアドバイスしてやることができます。ところが、ずっとS、A評価を取り続けて挫折のない管理職はそれができない。なんなら「俺の顔に泥を塗

りやがって」と傷心の部下を激しく責めるかもしれない。

ではC、D評価の経験のある管理職が率いる組織とS、A評価のみの管理職が率いる組織、どちらが楽しく、またグループ感をもって仕事ができるでしょうか。圧倒的に前者なわけで、そういう意味でも**失敗や挫折を経験しておくのは非常にいいこと**です。

わが武蔵野と密接なつながりのあるダスキンは、いわずと知れた大企業で、比較的頻繁に人が動きます。あるとき、かねてより面識のあった東京支社の部長（故人）が、大阪本社の本部長に抜擢《ばってき》されました。それはなにしろ栄転ですから、多くの人が彼のもとに群がりました。ところが彼は大阪本社では実力を発揮することができず、左遷させられた。あれほど群がるように集まっていた人たちも、あっという間にいなくなった。しかし私は氏が、新しい環境で勝手がつかめなかっただけだと知っていたので、出かけて行っては共に食事をしたり、いろいろお話をさせていただいていました。

数年後、氏は再び部長で大阪本社に返り咲きます。掌を返したようにまた人が集まってきました。しかし好調のときだけ近寄ってくる人と、つらいときに気遣《きづか》ってくれる人、どちらを大切にするかは明らかです。後に氏は役員になり、本当に私とわが社のために力になってくださいました。

調子のいい人に取り入る世渡りは、近視眼的です。それは実は下手な世渡りです。

【生え抜き】
――情実人事で生え抜きを行なうと組織が弱体化しかねない

無能な人を長にすると、古い考えや本家というような態度をふりかざし、有能な人間が去ってしまう。無能な人間は去らない。

歴史の長い伝統企業や同族経営の会社にはまま見られることですが、経営陣が「ここはやはり本家筋の者を充《あ》てなくては」なんてことを言って人事を決定することがあります。その「本家筋の者」が優秀ならば問題はありませんが、そうであるとは限らない。**「本家筋の者」であることは「能力がある」ことを担保しません。**まかり間違って無能な人が「長」の立場になると、皆が迷惑します。

このように言うと「代々それでうまくやってきたんだから」という反論も出てくるでしょう。しかし「うまくやってきた」とは単に「長くやってきた」「だから業務に精通しているだけ」の話で、これまた能力とは関係ありません。その証拠に、その人を外して他の人に担当させてみたらもっと大きな業績を上げた――、なんて例は数え上げるときりがないではありませんか。

中小企業、非上場企業が同族経営になるのはある程度はやむなき面もありますが、見るべき能力もない身内を露骨《ろこつ》に贔屓《ひいき》する人事を断行すれば、あっという間に社員は嫌になって辞めます。「どんなに頑張ったってどうせ生え抜きの〇〇さんが昇進するんでしょ」と思うからです。同族経営でない会社も、おべんちゃらの上手な社員が昇進することは多々あり、これもまた同様の理由で社員のモチベーションを奪います。まこと「血縁」とか「お気に入り」といった個人的な利害・感情は、強く人間の行動原理を支配する。しかし、それで組織が弱体化しては本末転倒です。

かかる事態を避けるためには、**経営者自らが「数字と人物しか見ない」と固く決めておく**ことが不可欠です。ふざけていようがさぼっていようが、きちんと売上を上げる社員が優秀な社員。真面目で一所懸命だろうが、成績が振るわない社員は駄目な社員。そう考えて、入社年度に関係なく信賞必罰の方針を徹底させておく。

大切なのは、チャンスは平等に与え（＝同じ条件で働かせる）、成績によって処遇の差をつけることです。これは、成績が振るわない社員は切り捨てていい、ということではありません。**それをやるといわゆる「恐怖政治」**になり、これまた社内に疑心暗鬼が広がります。

社員には等しく目標を持たせ、その目標を達成できない場合は、随時指導をするなり協力をするなりしてやらなくてはいけません。そうしないとその人自身も苦しいし、他の人のチャンスもなくなってしまいます。

【ナンバー・ツー】

――「組織の実力」を体現する人。心を鬼にして厳しく鍛《きた》える

（一）身内は甘くなる。鬼のように厳しすぎるくらいがよい。
（二）組織の実力はナンバー・ツーの実力に正比例する。

前ページ【生え抜き】で述べたように、中小企業や非上場企業は、往々にして同族経営になるものです。それ自体はよくある話ですが、悩ましいのは跡継《あとつ》ぎとなるべき息子や娘が入社してきたときにどう育てていくかです。特に彼、彼女が学校を出たばかりの新卒だと、これは非常に大きな問題になる。

社長は既存の社員に言うでしょう。「私の息子だからと遠慮しないで、がんがん厳しく鍛えてやってほしい」。

ですが、**社員は絶対に厳しくなどしません**。鍛えもしません。数年のうちに彼は本部長くらいの地位に引き上げられて、自分の上司になるのは確定的です。ならばここで恨みを買っておきたくはない。むしろ取り入っておきたい。そういう当然の人間心理が働くからです。

それに「厳しくしろ」といった当の社長だって、自分の肉親が社員から厳しい言葉で散々に言われていたり、こき使われたりしているところを目の当たりにしたら、やはりいい気

はしないです。これもまた当然の人間心理です。身内をナンバー・ツーに据えて後継者にするつもりならば、自社で育てる選択肢はなかなか難しいです。

ではどうするのが最善かというと、多くの心ある経営者がそうしているように、手加減や忖度《そんたく》とは無縁の第三者（社）に預かってもらうほかはないでしょう。わが社も同じ事情でお預かりしている2代目、3代目がたくさんいます。

私は、管理職に強く命じています。「絶対に手加減してはいけない」。社長のお墨つきがあるので、わが社の管理職は安心して彼らをしごいています。ここではとても書けないあれやこれやの経験もたくさんさせて、継ぐべき会社に戻るときはみな優秀なナンバー・ツーへと育っている。人は、甘やかされると心地良いですが、人間が駄目になります。厳しくされると辛いが、大きく成長できます。どちらがいいかは多言を要しません。

私がこのようにナンバー・ツーを育てることに厳しいのは、つまるところ**組織の実力とはナンバー・ツーの実力に比例する**からです。なぜならば、社長の方針を実行するために集団を率いる人こそナンバー・ツーだからです。

社長の仕事は「今後こうする」「こうなる」と方針を決定する。その意味では、特に中小企業では「社長が会社そのもの」です。その社長の方針に対してナンバー・ツーが横を向いていては組織が成り立ちません。

【引き継ぎ】――「仕事ができない人」の後任が「仕事ができる人」になれるわけがない

成績の悪い人からは行なわない。成績の悪い人から引き継ぎをしても成績は上がらない。成績の上がっている人のやり方をそのまま真似る。

優秀な成績を上げているAさんと、「ぼちぼち」のBさん。異動させるとすればどちらでしょうか。

答は、Aさんです。**人事異動は、成績のいい人から動かすのが原則**です。現実は、いつもそう理想的な異動ができるとは限りませんが（特に中小企業ではなかなか難しいでしょう）、だとしても一番手が無理なら二番手、それも無理なら三番手と、少しでも成績のいい人から先に動かす。

なぜか。理由は単純、Bさんを異動させて新しい人材を充《あ》てたところで、それまでBさんがやっていた仕事が順調に回り出すことはないです。

冷静に考えれば理解できます。後継者は、当然（前任である）Bさんから仕事を引き継ぐことになる。そのBさんは「仕事ができなかった」人ですから、後継者に充分な教育ができない。よって、Bさんのやっていた仕事はどれだけ人を入れ替えてもずっと業績は悪いまま……。凡庸《ぼんよう》な経営者は「Bさんを異動させて新任に代えればテコ入れできるだろう」と考えますが、事実はむしろ逆です。

優秀なＡさんの異動であれば、後任者もＡさんの教育を充分に受けることができますので、仕事は問題なく回る。そうしてスキルアップした人材が少しずつ増えていけば、これは組織にとって大きな財産になる。そういう意味でも**異動は、やはり「成績のいい人から」で行ないます。**

私は、「上手くやっている人、成果を出している人がやっていることを、なにも考えずに**そのまま素直に真似**しなさい」と教えています。社員にも言うし、セミナー等でもそう指導するし、**本書でも何度となく書いている。**

人は、この「なにも考えずにそのまま素直に真似」がなかなかできません。つい「他にもっといいやりかたがあるんじゃないか」とか考えて、工夫を加えようとする。実はそれが、成果が上がらない最大の理由です。

上手くやっている人は、どうして「上手くやっている」と思いますか？　それは、気の遠くなるような試行錯誤を経《へ》て「上手くやれる」方法を見つけ出したからです。であれば、なにも考えずそのまま真似するのが一番手っ取り早い。

「仕事ができる人」は、「教わったことを教わった通りに、素直にやる人」のことです。

【子育て】——ワーキングマザーが働きやすい環境は、男性社員にとっても働きやすい

母親は、仕事はいつでもできるが、子育てはいましかできない。稼ぎは夫に任せる。

価値観が多様化する現代社会にあって、こういうことを述べるのは時代錯誤と批判されて当然ですが、私は**女性社員に、結婚して子どもが生まれたら、なるべくなら家庭に入って育児に専念してほしい**と願っている。

……ご立腹のかたもおられるかもしれませんが、まあ聞いてください。

子どもが「お母さん、お母さん」と慕《した》ってくれる時間なんてほんのわずかです。大きくなり色気づいたら、彼氏彼女がどうの、人気のアイドルグループがこうのといって、親を見向きもしてくれなくなる。そうなる前に、子どもと触れあう時間をなるべくたくさん持ってほしい。

女性、わけても優秀な女性は、「仕事と子育ては両立するのが正しい」と考える傾向があるように思いますが、一言「誤解」です。仕事は、お金や信頼がかかっているから責任を負っていますし、子育ては子育てでお金や信頼以上に大切な「命」がかかっている。つまりどちらも大変な困難ごとで、「両立するのが正しい」と考えると自分を追い込むことになります。

私は、夫婦が子どもを産み育てるのは大変に喜ばしいことと考えていて、経営計画書にもこう書きました。**「女性の管理職を増やす。一に子育て二に子育て、三、四がなくて五に子育て」**。本当にこう書いてあります。原文のままです。わが社の、小さな子どもがいる女性社員は子どもが熱を出したといっては会社を休み、保育園の面接があるといっては半休を取っています。そしてそのことをだれも咎《とが》めないし、嫉《ねた》みもしません。このような企業文化ができている。蛇足を書くと、女性社員が子どもを預けてアセスメントに参加するとき、**保育園費用は全額会社負担**です。

「あれ？」と思われるかもしれません。小山は「家庭に入って育児に専念してほしい」なんて言っているのに、現実は全力でワーキングマザーを応援してるじゃないか、と。

これは女性社員の要望を受けてのものです。「ずっと家にいて、育児だけやっているのも息がつまる」「実家や姑《しゅうとめ》から干渉されがちになるのもしんどい」「だったら時短でもいいから働きたい」……。ですから私としては、「不本意」ではないにせよ、本音とは別のところで制度を整えてきた。

経営者や管理職は、スタッフが「働きやすさ」を感じているかには常に敏感であるべきです。そして**女性にとって「働きやすい」職場は、男性にとってはもっと働きやすいもの**で、これはこれでまあいいか、と思っています。

【共働き】――働く女性が高モチベーションを維持するためには全社的協力が必要

女子社員が結婚した後も長く働き続けてほしいが、子育てが一番大事であることを忘れない。

その昔、一家のお母さんが働きに出るときは、まず大抵の場合で「家計を助けるため」でした。現在は多少様相が違います。世帯収入を増やしたいのは変わらずあるとしても、それ以上に「姑《しゅうとめ》の目から離れたい」とか「たまには家事・育児から解放されたい」とか、はたまた「能動的に社会に参画したい」といった志向が強い。

特に「社会に参画したい」は重要で、これは言葉を換えれば働く女性、働こうとする女性は非常な高モチベーション（である場合が多い）です。**経営者としては是非とも女性スタッフに活躍してもらい、もって組織の発展に貢献してほしい**。

そんなわけで私は、割に早い段階から女性にとって働きやすい環境づくりに心を砕いてきました。そのひとつが「子育て」です。働く女性にとって一番悩ましいのはおそらく、子育てとの両立だろうから。

子ども、特に幼児は、朝になって急に高熱を出すことは珍しくない。保育所に預けていても急に具合が悪くなることもあるし、アレルギーがあれば食事にも気を遣《つか》わなくてはならない。こうしたことはもちろん仕事の時間を削る。実家や夫のサポートが望めるとしても、現状はやはり限界もある……。

　そこでわが社は、前項でも述べたように「一に子育て二に子育て、三・四がなくて五に子育て」の社長方針を掲げている。とにかく子育てが最優先、大口のクライアントとのアポイントが入っていようが、重要な会議が予定されていようが、電話1本の連絡で「はい了解、半休（または全休）取ってください。お子さんお大事にね」。それでおしまいです。急な休みを取ったからといって評価が下がることはないし、社内でも「○○さんは仕事を休めてずるい」みたいな悪い空気になることもない。どうして？　同僚のAさんもBさんもCさんも、そうやって育児最優先の方針に守られながら仕事と子育てを両立し、今日までキャリアを積み上げてきたからです。念のため申し添えておくと、育児最優先の方針は男性社員にも適用されます。

　こういうことは、社長の方針として、社長の号令一下で行なうのがいいと思う。組織は、ややもすればホモソーシャルなものになりやすく、女性が仕事と育児を両立させることの大変さはなかなか理解されない。**社長が毅然《きぜん》とした態度で「育児を最優先する」と方針を示さなくては**男性社員の――、特に価値観がアップデートできていない男性社員の――、不満が溜まるばかりです。

【懇親会】——コミュニケーションを円滑にするためのコストは惜《お》しまず払え

コミュニケーションをはかるために、時間と場所を共有する大切なものです。飲食は人をゆるます。

「飲食は人をゆるます」。どこやらの有名な格言のようですが、なに、出典はわが社のナンバー2・Yの口ぐせです。「ちょっとかっこいいな」と思ったので、私も時々真似している。

ところで、わが社は年間にどれだけの懇親会費用を支出していると思いますか？

100万円？　200万円？

いやいや、桁《けた》がひとつ足りないです。正解は2500万円です。**ちょっとした中古マンションなら買えるくらいの額を懇親会に費《つい》やしている。**事業規模比でこれだけの懇親会費を使っている会社、他にはちょっと例がないと思います。

普通の会社は利益を惜しむから、懇親会をやっても年に1～2回でしょう。「懇親会」と言えば聞こえはいいですが、早い話が「会社のお金で社員に飲食させる」です。それで微々たる利益は確保できるが、人は「ゆるま」ないから、遠からず辞めてしまう。すると募集費や教育費が余計にかかって、結局は損をしてしまう。

だったら気前よく飲ませ食わせて、社員同士仲良く、気分良くなってもらったほうがずっといい。会社はミクロ（微視的）で見るべきところとマクロ（巨視的）で判断するところがあります。懇親会費用の類は後者です。社員同士の**コミュニケーションを円滑にするための費用は惜しむべきではありません**。

懇親会と言えば、最近は若い社員がこの手の催しに参加したがらない話をよく聞きます。どうして参加したがらないかわかりますか？　それは（多少の反省と自戒を込めて申しますが）、多くが「懇親会」の名前を借りた説教大会、（上司の）武勇伝自慢大会になっているからです。楽しくなくてはならない飲食の席で、どうして時間の無駄と思われて参加させなくてはいけないのですか。それでは嫌がられてもしょうがないではありませんか。

わが社の懇親会では、上司は「話すのは禁止」です。ひたすら部下の話を傾聴しなさいと厳命しています。聞いて、聞いて、とにかくとことん聞いて、それで意見を求められたときにようやく口を開け、と。

ああしなさい。こうすべきだ。……同じことを言うにしても、飲食でゆるませ、傾聴の手続きを踏めば、受け止められかたに大きな違いが出ます。わが社はそれをやっているからコミュニケーションが良く、社員の定着率もいいです。

【採用基準】——中小企業は草野球のチーム、プロ入りが狙えるような人材は不要

価値観を共有できる人を優先して採用する。

「価値観を共有できる人」というと難しい感じがしますが、要は「気が合う人」です。とかく採用では優秀な人材を採りたがりますが、**中小企業は「優秀な人」より「気が合う人」を見極めて採用することが大切**です。

「気が合う人」なんて、どうやって見極めたらいい？

そのへんのノウハウについては私の別の著作などもご参照いただくとして、ここではひとつの便利な方法として客観的な分析ツールを使うことをお勧めしたい。

わが社で採用している『ミルメ』というツール。これは、簡単な計算問題をスマホでやってもらい、仕事の能力だけを判定する。『マルコポーロ』は性格特性（ヒューマンコア）を測定するツールで、会社が求める人材モデルに合致しているかを把握《はあく》できます。いままでの適性検査は回答の信憑性《しんぴょうせい》までは見極めることができずに嘘を見抜くことができなかったが、このマルコポーロは嘘をつかずに、正直に回答しているか。既存社員との相性などを割り出します。武蔵野は過去の退職者の傾向分析をして、なぜ退職をするか？　その要因分析になんとかたどり着くことができました。この手のツールに馴染《なじ》みのないかたには

信じられないでしょうが、相当に深いところまで把握《はあく》できる。現にわが社は、人事異動のさいもミルメ、マルコポーロの結果を参考にするが、異動させて「失敗した」と感じたことはほとんどありません。

「採用基準」に話を戻すと、わが社の新卒採用は、まずミルメを受けてもらうところから始まります。一定水準を下回る成績の就活生は外すのは当たり前ですが、わが社がユニークなのは、優秀な数値を出した就活生もご遠慮願っている。**わが社に優秀な人材は要らない**です。これ、意外に思うでしょう。「価値観を共有できる」ことが重要で、そこさえクリアしているならば、少しでも優秀であるに越したことはないはずだ、と。

これには理由があります。わが社は、いうならば草野球のチームです。隣町のチームとの試合は勝ちたいとは思っているが、プロを目指していない。プロのシビアな練習がこなせる体力もない。ただ楽しく練習したり、試合後の宴会で美味いビールが飲めさえすればそれでいいです。そんな「ぬるい」集団にですよ、ドラフトも狙える一流選手を入れてどうするんですか。既存のメンバーはもう野球が楽しくなくなるし（ポジションを奪われる、と戦々恐々とする）、本人にとってもよくない（草野球チームのだれが大谷翔平にコーチできるのか）。となればこれはもう、社会的な大損失です。

中小企業は人材を高望みせず、「ぼちぼち」の実力で揃えた似たもの同士で仲良くやっていくのがいい。ここを勘違いすると社内は、ゆとりやおおらかさがなくなり荒れる。

【三定管理】

――取り組むことによって心が揃う。心が揃えば高収益体質になる

「なにを」「どこに」「どれくらい」を明確にして管理をすることです。「なにを」は「定品」として物の名前の表示、「どこに」は「定位置」として場所の表示、「どれくらい」は「定量」として数の表示を行なう。この「定品」「定位置」「定量」管理を「三定管理」という。

会社が本腰を入れて三定管理に取り組み出すと、いろいろな変化が現れます。

整理整頓が進み、社内が見違えるように綺麗になる変化。業務上のムリ・ムダ・ムラが洗い出され、効率化が進む変化。**一番大きな変化は、社員の意識が揃うようになる**ことです。それまでてんでばらばらに好き勝手やっていた社員の心がひとつにまとまる。だれもが同じ方向を向き、また誰もが同じ価値観で行動できるようになる。

それはつまり、社長の方針がすみやかに（そして確実に）実行される企業風土がつくられ、組織が高収益体質に改まることに他なりません。このことはとても重要です。体力に劣る中小企業がライバルとの戦いに打ち勝つためには、社員全員が心を揃えて一点集中・突破するのが必須です。

この「心を揃えて」がなかなかできない、と嘆く経営者はとても多い。なぜできないのかわかりますか？　逆説めきますが「心を揃えよう」とするからです。心は目に見えない。

見えないものは確認のしようがないから、指導や教育もできません。やるべきは逆、すなわち目に見えるところ、形あるものに徹底的にこだわることです。ペンはキャップを右向きにしてこう置く。スリッパは床のこのスペースに3つだけ置くと決めて厳守させることです。**目に見える「形」が揃えば、次第に心も揃ってきます。**

わが社は三定管理を毎日行なっています。そう、環境整備です。毎朝30分、ベテラン社員から新卒社員まで、正社員はもちろんパート・アルバイトまで一人の例外もなく取り組む環境整備こそ「定品」「定位置」「定量」の三定管理を徹底する作業に他ならない。

わが社が環境整備に取り組み始めてもう35年くらいになりますが、当初は社員の大変な抵抗を受けたものです。環境整備は、見た目はただの清掃・整頓作業で、特に年配の社員だと「そんなものは俺がやることではない」と軽んじてしまう。でもそれは「自分は皆と心を合わせる気がない」と宣言したのと同じです。そういう社員はやがてわが社の変化についていけなくなり、居心地が悪くなって別の会社に移っていきました。

あのとき辞めた社員はいま「武蔵野を辞めなければ良かった」って言っています。環境整備に取り組んだことにより高収益体質になり、業界トップクラスの厚待遇を誇るようになったわが社を横目に、「あのとき我慢しておけば良かった」って。本当ですよ。

【振替休日】——家庭の安定なくして良質な仕事もなし。社員は法定通りに休ませる

日曜日に仕事をしたら、平日に休日を振り替えて取る。家族に辛い思いをさせないように、休日は決められた通りに休む。

過去のわが社がどれほどひどいブラック企業であったかは、折りに触れてお話ししているのでご存知のかたも多いと思います。

月に200時間労働は当たり前。会社に連泊するのも珍しくない……。そんな無茶苦茶な働きかたをしていたのは、ひとつには過労働を規制する法律がまだなかったから。もうひとつは社会全体にそういう雰囲気を良しとする空気があり、社員も「ばりばり残業してがんがん稼ぎたい」意向が強かったから。「モーレツサラリーマン」とか「24時間働けますか」とか、そんなキャッチコピーを目にした記憶のあるかたもおられるでしょう。

しかし時代は変わりました。法律によって残業時間には上限が定められ、従業員は「休ませなくてはいけない」ようになった。また社員も、ばりばり働いて稼ぐよりは、プライベートを充実させたいと願う人が増えた。社会がそのように変わった以上、会社のありかたもそれに合わせて変えていかなくてはなりません。**他社様の経営サポートを行なっているわが社が、劣悪な労働環境を放置していたらどうなりますか。**「よその会社のことに口

出す前に自分のところをなんとかしろよ」と思われるのがオチです。お客様は、あっという間に離れていくでしょう。本書でも何度となく書いていることですが「中小企業は、社会に変化をもたらすことはできない。しかし社会の変化についていくことはできる」。社会の変化に対応できなかった企業を待つものは、ただ「死」のみです。

私がこのように、社員の残業を減らすこと・休むことに執心《しゅうしん》しているのは、**円満な家庭こそが社会生活の基礎となる**と思うからです。

社員の家族は、できることなら夕飯は揃って食べたいし、休日は一緒に出かけたりしたい。それを「仕事が忙しいから」で押しつぶしていたら、やがて家庭はぎすぎすしていくでしょう。それは当の社員にとっても心も身体も休まらないことのはずです。そんなことになってはまともな仕事なんかできるわけがない。**良質な仕事をするために、月に45時間を超える残業はしては駄目だし、祝祭日は仕事を休まなくてはいけない**んです。

日曜日でも仕事をしていい、いくらでも残業していい、なんなら休まなくてもいいと法律が認めている立場の人がいます。だれだと思いますか？

社長です。社長は労働基準法の対象外なので、３６５日24時間働いても法律には反しません。ですので私は、さすがに「３６５日24時間」とはいかないまでも、土日も返上して働き続けておりましたが、高齢になり土曜日３日、日曜・祭日はしっかり休んでいます。

【前払いできるくん】——二万、三万くらいのお金ならケチケチせずに貸そう

事前決済を取り、上限3万円とする。サラ金よりも金利が安い。

お金は、人生の基本の「き」のひとつです。それは、家だの車だの大きなものを買うときはもちろん、ここ一番のプロポーズをかけたデートのさいにも必要だし、部下に酒でも奢って先輩風を吹かせたいときなんかのときにも必要になる。

そこで、わが社の管理職が過去どうしていたかというと、部門でプールされている経費を私的に流用する。そして、給料日になったら使い込んだぶんを補填《ほてん》する……、という手口です。これは、なにかよほどのヘマでもしなければまずわかりません。額は小さいし、なにより短いスパンで返しているから。本人としても横領という意識はなく、単に管理職特権のひとつくらいに思ってちょっと借りた、くらいのものでしょう。

だから、そこまで大げさに騒ぐことではないのかもしれないけれど、それでも厳密なことを言えば不正は不正です。「飛び石理論」という言葉がありますが、こういう**小さな不正に慣れてくると、文字通り飛び石伝いに額が増えていき、やがて大きな不正に手を染めることもためらわなくなってしまう**ものです。そこで、そんな不正もできないようにとあれやこれやと対策を施していました。

その部門で一番社歴の浅い社員が経費管理を担当する、というルールを導入したのは不正防止の一環です。業務に慣れた管理職が経費を管理するから私的流用もできてしまう。しかし、入社して日の浅い社員ならそんなこともない。どうせ中小企業なんです。着服できたって額はたかが知れている。そんなはした金で社員のキャリアに汚点をつけるようなことがあっては、本人はもとより、わが社にとっても不幸だ、と。

それで当面は上手くいっていたのですが、あるときふと「待てよ」と思ったのです。よく考えたら経費の私的流用なんて、せいぜい2万～3万円でしょう。そのお金があることで恋人にプロポーズできたり部下と酒を飲んだりできるのなら、むしろ積極的に貸そうじゃないか。社員の私生活が充実したり、社員間のコミュニケーションが良くなったりするのなら、それはわが社にとってもメリットのあることなのだから。

そんな思いで始めたのが『前払いできるくん』です。貸付金額は決まっていて、上限3万円。言うまでもないことですが、借りたお金は次回の給与からきっちり引かれる仕組みになっています。

武蔵野にはいろいろなルールがあって、社員をしっかり従わせているイメージをお持ちのかたも少なくないでしょう。でも現実にはそんなイメージとは裏腹に、「社員にルールを従わせている」例も少なくない。『前払いできるくん』はその一例です。

【粗探し】――「完璧な人間」が存在しない以上、相手の欠点をあげつらうのは非建設的

追及することでモチベーションを落とさせる。

これをしなさい、と部下に命じます。1週間後、彼がきちんと仕事を実行したかをチェックする……、のは大変素晴らしいことですが、このチェックに何十分もかける管理職がいます。これは感心できません。そんなに長時間やると粗探《あら》しになり、部下のモチベーションが落ちます。

もうひとつあります。それはチェック日をあらかじめ決めておくことです。チェックされる日が決まっていると社員は慌ててチェック日に備えます。慌ててやる仕事のやり方はこれは素晴らしいことです。

わが武蔵野で「チェック」というと、筆頭に挙げられるのが環境整備点検です。これは課長職以上の社員が交代で務めますが、「粗探し」されては現場の士気が下がるので、そうさせないための仕組みがあります。それがチェックリストです。チェックするのはリスト内の項目だけ。それ以外はチェックはしない。しかも点検担当者はチェック前日にビデオ教材で勉強して、各自同じ基準でチェックできるようにしている。

この勉強会は、社歴が長いからといって免除はされません。欠席したら反省文です。反

省文は2回出すと始末書扱いとなり、始末書を2回出すと賞与が半分になるのがわが社のルールですから、相当に厳しい。しかしこのように基準を徹底しているから粗探しにならず、ひいてはチェックを受ける側の社員もモチベーションが維持できます。

環境整備点検に限らず、チェックをするときはチェックリストをつくること。点検担当者の教育もしっかりして、つまらぬ「粗探し」にならないように配慮することが鉄則です。

管理職の中には「難癖《なんくせ》をつけることも仕事のうち」と思い込んでいる人がいます。彼の目からすれば若い部下なんて未熟もいいところでしょうから、あれこれ口を挟みたくなる気持ちもわかる。ですが、**ある程度妥協できることであれば目をつむって流してやってはいかが**ですか。**つまらない粗探しを止めれば、組織の雰囲気もずいぶん良くなっていく**ことが実感できるはずです。

世に「完璧な人間」は存在しません。同様に「欠点しかない人間」も存在しない。人は常に間違うし、しばしば正しいし、おおむね善良だし、おおよそ性悪です。いいところと悪いところとが一体になっていて、ときに矛盾しながら、なんとか頑張って生きている。

だから、そんな「人間」が抱える欠点や弱点をねちねちとあげつらっていくことが建設的だとは私にはどうしても思えません。それよりはむしろ彼の長所を見つけ、誉めて伸ばして称えて拡げてするべきです。そうすれば欠点や弱点は、なくなるわけではありませんが、少なくとも目にはつかなくなる。そのほうがよほどいいです。

【二・六・二の原則】

――四人の社員が辞めるくらいなら組織が健全性である証《あかし》

自分の意思で行動する…2割、周りの行動を見て行動する…6割、自分の意思で行動しない…2割。

会社とか部門全体を動かすのに、駄目なところに人を入れても効果がない。自分の意思で行動するところに人を入れれば、周りの行動を見ている6割の人が、少しずつ自分の意思で行動するようになる。行動しない2割の人だけ集めて別の組織をつくると、また二・六・二の原則になる。

人間は、本質的に自分本位で利己的なものです。だから、仕事だろうが遊びだろうが、人間の集まるところ、全員が一致団結して同じ精神状態で同じ方向を向いているなんてことはあり得ません。

常に2割は先行して行動します。別の2割は「やりたくない」と不満を持っています。残る6割は横でその様子を見ていて、強いほうに流れます。「やりたくない」の発言力が強いと思えばそちらに流れ、「行動する」が勢いがあると思えばそちらに流れる。

強い2割＋流れた6割で8割です。残る2割はどうなるか。また2・6・2に分かれます。つまり「しょうがない、やろう」が2割、「もう少し様子見しよう」が6割、「どうあってもやるもんか」が2割です。この最後に残った2割がどうするかというと、辞めて他の会社に転職する。およそ業種・業態を問わず、どこの会社もこれを繰り返しています。

社員は、一人も辞めずに在籍してくれたほうがいいのでは、と思う人もいるでしょう。確かに、本項執筆時点では労働市場は極端な人手不足が続いていますから、社長としてはなるべく社員が辞めない施策を打つことが正解です。ですが、より本質的なことを言うならば、全社員のうちの2割の、そのまた2割（つまり、100名の社員がいるのなら4名）が辞めるくらいなら、むしろ組織が健全であることの証です。

よどんだ水にはボウフラが湧きます。組織もそれは同じで、ずっと顔ぶれが動かないでいると腐ります。人が辞めたり入ってきたりして、適度に新陳代謝を続けているのがいい組織です。

組織には（程度問題ではありますが）仕事のできない人、駄目な人、やる気のない人も必要です。頑張る人がいて、頑張らない人もいて、それなりの人・どっちつかずの人がいる、それが会社です。いい・悪いは別として、それが自然です。二・六・二の原則は常にある。マネジメントは、そのことを踏まえて行なうことが大切です。武蔵野は、新陳代謝を促《うなが》す仕組みとしてダイナミックな人事異動を行なっています。

10年以上勤続する社員で、この20年間で退職した人はたった3人です。社員が少数しか辞めない。社員が成長する。それは全て武蔵野の「人材戦略にある」と断言できます。

【標準化】——定期的に担当者を交代させることで少しずつ揃ってくるもの

決められたことを決められたとおりに同じスピードで実行することです。人間は決まっていることは先にやり、決まっていないことは後にしがちです。だから標準化する。実施はマニュアルに沿って行なう。修正をし続けることが大切です。

私の知るA社は損益計算書（P／L）・貸借対照表（B／S）を出すのに、遅いときでは半年もかかっていました。これでは利益を上げられないのも当たり前です。自社のリアルな「姿」が知れるのは半年後だから。

A社はその後、わが社の経営サポート事業部による指導を受けて、少しずつ経理の数字が早く出せるようになっていきました。それにともない業績も上向いてきたのは偶然ではありません。数字に基づいて、対策を打つのも少しずつ早くなっていった。

「早くなっていった」と書きました。**大切なのは経理担当部門が「早く」数字を出すことです。その数字が正しいか正しくないかは関係ありません。**とにかく「早く出す」ことが正しい。おおまかでいいからいち早く知りたい。これが経営者の本音なのです。数字が正しくなかったとしてもせいぜい1000円、100万円でしょう。そんな程度のものはあとで修正すればいい。

わが社はどうかというと、月末で締めたら翌月の1日に出ます。「1営業日内」です。前述のA社は現在のところ5営業日内。すごい成長ではありますが、わが社とは依然として差はある。この差はなにに由来するかというと、標準化のレベルです。わが社は仕訳が終わった日時がすべて記録として残っている。A社はデータがまだ経理担当者（個人）の頭の中にある。この違いです。

しかもわが社は、経理課長が月末30日に不在でも、翌月1日には間違いなくP／L、B／Sが出ます。それを出すのは、10年前は一人のパート社員。何億という資金移動もそのパート社員が一人でやります。わが社はすべての業務が高度に標準化されていて、誰が、なにをやっても同じ成果が出せるようになっている。（現在は規模拡大で2名です）

標準化は、どうしたら実現するか。ひとつには、管理職の長期有給休暇。これについては当該ページをご確認いただくとして、ここでは別の手段を述べると「人を代える」です。同じ仕事でも第1週はAさん、第2週はBさんと交代させると、仕事のやりかたが次第に揃ってきます。「こうしよう」「ああしよう」と話し合うからです。話し合った結果をマニュアルにまとめれば、それがすなわち「標準化」。やがてCさんDさんが異動してきたときも同じようにして、マニュアルを洗練させていけばいい。

著者紹介

小山昇（こやま・のぼる）

株式会社武蔵野代表取締役社長

1948年山梨県生まれ。東京経済大学卒。1976年日本サービスマーチャンダイザー（現・武蔵野）に入社。一時期、独立して自身の会社を経営していたが、1987年に株式会社武蔵野に復帰。1989年より社長に就任。赤字続きだった武蔵野を増収増益、売上75億円（社長就任時の10倍）を超える優良企業に育てる。2001年から同社の経営のしくみを紹介する「経営サポート事業」を展開。現在、750社超の会員企業を指導。450社が過去最高益、倒産企業ゼロとなっているほか、全国の経営者向けに年間240回以上の講演・セミナーを開催している。1999年「電子メッセージング協議会会長賞」、2001年度「経済産業省・大臣表彰」、2004年度、経済産業省が推進する「IT経営百選・最優秀賞」をそれぞれ受賞。2000年度、2010年度には日本で初めて「日本経営品質賞」を2回受賞。2023年「DX認定制度」認定。

本書は、武蔵野でこれまで7000回以上実施してきた「早朝勉強会」を、実況中継方式で初書籍化。成長する会社が朝礼で話していることを明らかにしている。

著書に『1%の社長しか知らない銀行とお金の話』『データを使って利益を最大化する超効率経営』『4万人の社長・幹部がベンチマークしたすごい会社の裏側（バックヤード）！』『小山昇の"実践"ランチェスター戦略』『99%の社長が知らない銀行とお金の話』『無担保で16億円借りる小山昇の"実践"銀行交渉術』（以上、あさ出版）、『「儲かる会社」の心理的安全性』（SBクリエイティブ）、『新版 経営計画は1冊の手帳にまとめなさい』（KADOKAWA）、『改訂3版 仕事ができる人の心得』（CCCメディアハウス）などベスト&ロングセラー多数。

成長《せいちょう》する会社《かいしゃ》の朝礼《ちょうれい》

組織《そしき》が変《か》わる212の言葉《ことば》【上《じょう》】

〈検印省略〉

2024年 7 月 17 日 第 1 刷発行

著 者——小山 昇（こやま・のぼる）

発行者——田賀井 弘毅

発行所——株式会社あさ出版

〒171-0022 東京都豊島区南池袋 2-9-9 第一池袋ホワイトビル 6F

電 話 03（3983）3225（販売）

03（3983）3227（編集）

F A X 03（3983）3226

U R L http://www.asa21.com/

E-mail info@asa21.com

印刷・製本 文唱堂印刷株式会社

note http://note.com/asapublishing/

facebook http://www.facebook.com/asapublishing

X http://twitter.com/asapublishing

ISBN978-4-86667-689-0 C2034

目次（下巻）

第五章　お客様満足度を高める言葉

【始末書】――お客様のクレーム情報の隠し立ては、それだけ大きな服務規定違反
【粋】――相手に感謝されるようにお金を使い、ふるまうこと。ばら撒きは「死に金」
【電話番号】――お客様は「絶対に」覚えてはくださらない。仕掛けが必要
【満足】――この世で一番満足が長続きしないのが「お客様」。新提案を欠かさないこと
【目玉】――お客様は比較して購入を決める。比較のための囮商品も用意しておくこと

第六章　変化に対応する言葉

【チャンス】――「仕事が振られてくる」こと自体が大チャンス、軽はずみに受けよ
【パクリ】――なにも考えずに真似る。なまじ「考える」と無駄が多くなる
【ポスター】――形骸化させてはいけない。数字を入れるなどして「動かす」こと
【依頼】――安請け合いせよ。手に余ったら上司を頼れ。それがあなたの成長を促す
【守り】――現状を守っていても改革はできない。いまだからできることをする
【出直し】――挑戦は素晴らしい。挑戦が失敗に終わって撤退も素晴らしい
【生産性】――経費を減らすは社員の仕事、粗利益を増やすは社長の仕事
【早帰り】――仕事を終える時間を決めたら厳守する。それでクオリティが向上する

【読書】——未体験のことは、いくら本を読んで勉強しても身につかない
【振替休日】——家庭が安らかなくして良質な仕事もなし。社員は法定通りに休ませる
【標準化】——定期的に担当者を交代させることで少しずつ揃ってくるもの
【抜擢（一）】——立場が人をつくる。抜擢した後に「抜擢した理由」が生まれる
【抜擢（二）】——社員評価は相対評価で。A評価・S評価の社員には必ず報いること
【否定】——「やりたくない」という気持ちに素直でいると人生は向上しない
【有能な使われ人】——社長の方針が間違っていても、即座に実行できる人が正しい
【検証】——好調のとき「どうしてそうなっているのか」を熱心に考えること
【見える化】——アクションを起こすこと・変えることが伴わなくてはならないもの
【見せる化】——期日や数字を明記することで逆算ができ、行動を変えられる
【ベンチマーキング】——他社の優れたところを見つけられない鈍さが恥ずかしい
【異動】——それはビジネスパーソンとしての絶好の成長機会
【内定】——すみやかに入社許諾書を出した社員ほど、業績を挙げるのが早く出世も早い
【良いことを聞いたら即実行】——「即」の習慣はライバルに差をつける強力な武器
【どん底】——上手くいっていないときだから蒔くことができる。未来の種もある
【パワハラ】——「常識」は急速に変わっている。部下とは親密なコミュニケーションを
【プライド】——会社経営、組織運営においては余計なもの。すぐ捨てる

【ゆとり世代】——若い世代の価値観に合わせて自社の体制を変えていくのが正しい
【ライバル対策】——ライバル会社は、必死になって情報を集めている
【横展開】——黙っていては絶対に実現しない。横展開「させる」仕組みが必要
【過去】——自分の人生をより良いものにするためには、過去を否定しないこと
【環境】——駄目なものは「なんとかする」ではなく「捨てる」、それで環境が変化する
【経営】——意思決定の連続。攻めの経営はだれでもできるが、撤退はなかなかできない
【残業】——若い社員は「金より余暇」。社長直属のプロジェクトとして減らしていく
【実行計画書】——「良いこと」をしてはいけない。「成果が出ること」をする
【条件】——揃う・整うのを待っていたらなにもできない。実行あるのみ
【人生】——良くなるか悪くなるかは、すべて現在の仕事にかかっている
【全員経営】——社員が育ち、組織としてある程度成熟したのちに実現できる
【体質改善】——理想に向かって人事異動を断行する。組織が生き返り惰性が一新される
【大人】——成長すると素直さがなくなる。中途半端な自分に気づいて脱皮する
【反対】——人間は保守的。仕事のやりかたを変わることには常に強い抵抗がある
【変革】——組織に体力があるときから準備しておかないと変革はできない

第七章

販路が拡がる言葉

【企画】——現実・現場を細かい点まで知って良質な立案ができる

【技術革新】——新技術は常に、既存のマーケットを食いつぶして革新を果たしていく

【販売の方法】——自社に適した売りかたをしないとお金も人員も無駄になる

【部長】——新商品の投入、新規開拓、人を育てる

【夢に数字を入れる】——結婚式の日程を決める。いろいろなことが動き出す

【戦いに勝つ】——これはと見込んだお客様には利益度外視で入り込むのが正しい

【ロープレ】——ぶっつけ本番で舞台の幕があがることはない。営業活動もそれと同じ

【営業スキル】——営業は「頭」。頑張るだけで契約が取れるのなら苦労はない

【営業責任者】——職責上位者は積極的に現場に行く。部下のお客様訪問に同行する

【ビジネスパートナー】——自社にないものを補ってくれる、最重要の存在

【ブランド】——中小企業がやるべきは「サービスレベルの均質化」

【小さな会社】——無理に商圏を拡げない。スモールテリトリー・ビッグシェアが正しい

【戦略マップ】——お客様とライバルの所在を可視化して行動する

【知恵】——考えても出なければ、それ以上考えるのは無駄。素直に他人を頼る

【独創性】——「前例がないもの」とほぼ同義。お客様にも理解されず、売れない

【不満足】——マイナスの状況にあるのなら「どうしたらプラスにできるか」と考える

【不良在庫】――売れないものは捨てる。捨てるときに心の痛みを感じること

【訪問販売】――売れようが売れまいが、常に新商品のご案内を差し上げる

第八章　人を育てる言葉

【困難（一）】――考えるより先に手を動かせ、そうすれば解決に向かう

【困難（二）】――そこから逃げると人はどんどん退化する

【親孝行】――人としてまっとうな「感謝の心」を持つべし

【インストラクター】――新人の「レベル」や「気持ち」に合わせた指導を

【トレーナー】――「教える」よりも「やらせる」。やらせたら「チェックする」

【やる気】――簡単な仕事をひとつ与えて、完遂する「成功体験」を与えてみる

【愛社精神】――創業者の苦労を知り、感謝の念を持つ、それがまっとうな職業人

【移動時間】――通勤や得意先回りの移動時間を有効活用すれば「差」をつけられる

【育てる】――仕事をできるだけ細分化して、一つひとつできるようにさせること

【洗車】――予期せぬ「突発的事項」に対応できるよう訓練する絶好の機会

【動機は不純が正しい】――世俗的・通俗的なものへの執着が成果につながっていく

【評価】――まぐれで取ったA評価は長続きしない。不運で取ったC評価も続かない

【部下の面倒を見る】――管理職の器は「どれだけ優秀な人材を育てたか」で計られる
【部下指導】――新生児を育てる親のような気持ちで接する
【部下レコーダー】――記録を取って使い回せば、やがて有用な教育マニュアルになる
【夢の共有】――利害関係のない管理職に感化され自分の言葉に説得され、士気を保つ
【×】――×がつくことに気づかない感性の鈍さこそが本当に×
【うわすべり】――新人は大人に見えて大人ではない。「赤児も同然」と思って指導する
【ノイローゼ】――ストレスをかけ、ストレスの「いなしかた」を教える
【会社】――成果が挙げられないのなら、いっそ出社してくれないほうがいいところ
【仕事に人をつける】――仕事の属人化を排することが経営の安全性を高める
【社員教育（一）】――「一斉に」「複数人で」学びを共有させないと無駄になる
【社員教育（二）】――能力よりも価値観を共有できることを重視する
【助言】――部下はあなたの助言の二五パーセントしか実行しない
【成功体験】――「過去のもの」でありこだわってはいけないが、しかし常に必要なもの
【宣言】――積極的におおげさに言って、後には引けない状態をつくることが大切
【早朝テープ】――早朝勉強会が四五分に決まっているのはやむを得ない事情があった
【駄目上司】――部下に嫌がられることを平気でできて一人前の管理職
【長期有給休暇】――繁忙期に強制的に休ませられるから管理職は部下を教育する

【独自能力】――ＰＤＣＬＡを回すことで育っていく。一番大切なのはＣ（Check）

【内定者】――「不条理」「理不尽」に対する耐性をつけてやること